世界最美的
56

《環球國家地理》編輯委員會　編著

前言

　　整個城堡的時代始於維京海盜的進犯，終於弗朗索瓦一世之死，在其身後，歐洲沒有經典建築，這是維克多‧雨果悲涼的預言。他甚至否定了文藝復興的全部價值，認為那只是歐洲建築藝術的迴光返照而已，根本不是什麼黎明。但最後的便是最好的，這就是為什麼世人迷戀幻美的古堡。

　　古堡是珍貴的文化遺產。它凝結了一種獨特的文化：騎士與武士代表著忠誠，貴族與將軍顯示著榮耀。它記載了一個遠去的時代：一個國王、王后和公主的時代，一個多情騎士追求嫻靜貴婦的時代，一個小國寡民的時代，一個領主和農夫的時代。一旦跌入那個遠去的時代，建築上留下的蛛絲馬跡都將激起你的幻想。正如莎士比亞在幽暗神祕的格拉密斯城堡寫下《馬克白》，德古拉城堡成為愛爾蘭作家史托克筆下的吸血鬼恐怖之城，卡夫卡仰望布拉格城堡創作了不朽之作《城堡》。

　　古堡是詭異的磁場，是傳奇的祕境，在它的身上究竟發生了多少跌宕起伏、光怪陸離，而又曲折離奇的故事？六位英國王后曾先後入住利茲城堡，並在這裡經歷了人生的大喜與大悲；新天鵝堡見證了其建造者「瘋王」路德維希的夢想、愛情以及坎坷命運；愛蓮‧朵娜城堡遠離塵世，但在約1400年前的一天，一夥海盜洗劫了這裡，僧侶的鮮血染紅了城堡的土地；725年，克拉斯夫人在卡爾卡松城堡內敲響了勝利的鐘聲，慶祝查理大帝的鐵軍終究未能攻破這座要塞……

　　讀一段昔日城堡的故事，就像聽一曲古典交響樂：淒美的愛情絕唱是滴露玫瑰上的小夜曲，戰神和英雄的決戰是主旋律，忠臣良相的死戰死諫是悲壯的和弦，嫉妒和仇殺是撕裂的嘯音。人們將在這藝術的儀式中安慰心靈，滌淨靈魂。

第三章
Part.03

〔王室悲命〕

第四章
Part.04

〔曠古傳奇〕

六世紅顏命運沉浮
——利茲城堡

　　座古堡是一個戲台，六位王后的命運在這裡上演：有人以生命的忠貞等待愛情，情人的眼淚鑄就了她不朽之魂；有人用勃勃的野心經營權位，驀然回首卻發現遺失了親情；有人拋開一切與愛人相守，子孫後代的榮耀給了她回報；有人原諒了負心的丈夫，利茲城堡撫慰了她平靜的餘生。

王后之堡優雅千年

　　肯特郡清晨的第一縷陽光照亮利茲城堡光潔美麗的額頭，將她從甜夢中喚醒。千百‧年來，陽光也是這樣頑皮地喚醒許多位王后，讓她們醒來，睜眼便跌入這仙境般夢幻的城堡。

　　這是座石質主體的羅曼式建築，古堡的麗影倒映在湖心，宛如優雅的美人憑湖自賞。主堡外觀富有女性氣息，牆體厚重，窗格小巧，春藤爬滿牆壁，室內外無處不有馥郁濃香的花朵。庭院中設有羅馬式噴泉，主堡一樓設有小教堂、講習室、會客室和餐室等。拾歌德式樓梯而上，樓上是王后臥室、浴室和貴族休息室等。其中都鐸風格的「亨利八世餐室」相當著名，壁爐上懸掛著亨利八世的畫像。這座中世紀建築絕對與陰鬱無關，處處顯示出少女風格的雅致、活潑。

　　比主堡更迷人的是花園。城堡初建時，花園的佈置還十分簡單，但後來居住在這裡的每一位王后都為它「添磚加瓦」。如今園中處處植滿紫杉、桉樹、柳樹和橙木樹，樹叢間開滿繡球花和杜鵑花，碧波中搖蕩著水仙花和銀蓮花。還有一個別具創意、用紫杉樹樹冠修剪而成的「迷宮」，若沒有嚮導，一般人走進去還真找不到出路。花園中出產很多新鮮的食材，可供來客大快朵頤。與很多中世紀古堡相同，這裡的花園中也設有草藥園、馬廄和鳥舍。20世紀才增建的「鴨場」別具特色，如今這裡育有野鴨、水鴨、冠鴨、夏威夷鵝和黑天鵝等許多珍

·古堡 檔案·

◆|國家|：英國
◆|始建年代|：857年
◆|英文名稱|：Leeds Castle
◆|相關人物|：埃莉諾、伊莎貝拉

史前人居住地的怪誕氣氛。魚的圖案嵌刻在天花板上，就像在天上飛；動物也鑲嵌在上面，好像四腳朝天行走；牆壁上刻滿中世紀煉金術士使用的符號；突然冒出的石頭好似白骨。

不知為何，這樣的氣氛令人心生悲涼，非常適合人們坐在其中追思愛侶。數個世紀以前，老愛德華一世也許就是坐在這裡懷想亡妻，慨歎命運的不公與荒誕。在歷史上，「長腿」愛德華一世被認為是一位雖然英明，但也非常殘暴的君主，晚年時被稱為「蘇格蘭之錘」，正是源於他對蘇格蘭人民獨立鬥爭的殘酷鎮壓。愛德華的這種作風使他一生樹敵頗多，曾有一個風雨交加之夜，刺客手持有毒匕首悄悄逼近他的床頭，幸得王后埃莉諾拚死相救。埃莉諾是一位美貌、聰慧的西班牙公主，與國王少年結為夫妻。雖然當初埃莉諾是遵循家族的安排嫁給愛德華，但婚後她對國王付出了自己全部的愛心和敬重，兩人伉儷情深。作為政治婚姻能這樣幸福的，在當時的歐洲皇室中還真不多見。1278年，一位朝臣向愛德華獻媚，將利茲城堡送給愛德華。愛德華又將城堡轉贈王后，此後他們一生中最快樂的時光都在這裡度過。

可惜幸福的時光總是短暫的，死神最終會將相愛的人分開。王后在韶華之年早逝，國王痛苦得無以復加，在送葬的途中，每走幾步，就為王后樹一個十字架。失去愛人給人帶來的影響是難以

利茲古堡座落在倫敦東南面約100公里處的肯特郡。1278年，城堡的所有者——利伯恩爵士將城堡獻給了當時的英國國王愛德華一世。從此，利茲古堡與王室結下了不解之緣。

稀的禽類。牠們一邊洑水，一邊梳理羽毛的那份安靜與高貴，又是群鳥喧譁無法相比的風景。

洞室豎琴悲傷而彈

城堡花園中有一個洞室，給人一種

古堡鬧鬼

在金雀花王朝和蘭開斯特王朝君臨天下的200年間，曾有六位王后居住於利茲城堡，她們分別是愛德華一世的王后埃莉諾、愛德華二世的王后伊莎貝拉、愛德華三世的王后菲利帕、亨利四世的王后瑪格麗特、亨利五世的王后凱瑟琳和亨利八世的廢后凱瑟琳。英國的很多古堡都有鬧鬼的傳說，比如：溫莎城堡和倫敦塔。雖然有很多位王后逝世於利茲城堡，卻從未有人見過她們的靈魂在此流連。也許這裡的平靜美麗使王后們生前的心得以安詳，死後的靈魂便去往一個很遠、很美的地方。但是相傳花園中有一隻大黑狗，撞見牠是死亡的徵兆。這個情節在J·K·羅琳的《哈利波特》中曾提及。

預料的，從此以後，愛德華一世一心投入到征伐之中，對人民更加殘暴。他似乎有一種很深的不滿與怨恨鬱積在心，非要用殺戮才能發洩出來。對於這一點，我們真的無法理解。但國王晚年呆呆地坐在利茲城堡的樹林中念叨的一句話，非常耐人尋味。這句話是：「我的豎琴彈出的是悲傷之調，她在世時，我曾如此愛她，她去世後，我又怎能不再愛她？」初聽這句話，只覺得國王深愛著王后，細聽之下，這裡面竟包含著瘋狂的邏輯，那就是對於深愛著的人來說，活著或死去都是一樣的。

「法國母狼」緘默於此

老國王愛德華一世含恨而終之前，出於政治考慮，為兒子選擇了一位法國公主為妻。這位公主就是英倫中世紀史上大名鼎鼎的伊莎貝拉王后，後世稱其為「法國母狼」。伊莎貝拉是法王菲利普四世的獨生女，中世紀最高貴王室的掌上明珠，她年輕、聰明、美麗、勇敢，野心勃勃得令人絕望。值得一提的是她的父親是法國歷史上出了名的美男子，同時也是一個著名的陰謀家，她的母親是西班牙公主。所以有很多史學家認為伊莎貝拉從一開始就是懷著陰謀進入英國王室的。

伊莎貝拉成了利茲城堡的新主人，但她的這段政治婚姻沒有利茲城堡前任主人的婚姻那樣如童話般完美，丈夫愛德華二世不僅懦弱昏庸到了不可理喻的地步，而且是個同性戀者。在與愛德華二世17年的婚姻中，伊莎貝拉受盡了精神虐待和經濟壓迫，但她始終都在隱忍，沒有貿然報復。

1325年，伊莎貝拉找藉口逃回法國，次年，她親率部隊反攻英國，並於1327年2月包圍並逮捕了愛德華二世。在穩穩把持英國朝政數月後，當年9月，伊莎貝拉終於派人向愛德華二世狠下殺手。事後，伊莎貝拉命人巧妙偽裝國王自然死亡的假象，為他舉行盛大國葬，再披麻戴孝作寡婦打扮，在葬禮上哀哀欲絕。至此，伊莎貝拉憑藉多年的經營，登上了權力之巔。

權力的毒酒迷惑了自幼富有遠大抱負的伊莎貝拉的心，使得她根本不願將王權轉交給兒子愛德華，雖然兒子才是王室正統的接班人。1330

年10月的一個深夜，兒子愛德華在朝臣的鼓動下對母親發動奇襲。萬萬沒有料到這一政變的伊莎貝拉被推翻，愛德華成為了英王愛德華三世。事變後，伊莎貝拉被囚禁在歷代王后寡居之地——利茲城堡，那裡是每一位王后的巔峰，也是每一位王后的歸宿。小愛德華三世仁孝之心未泯，每年來此探望母親，使得伊莎貝拉更加慚愧自己企圖將王位據為己有的野心。在此後的30年中，伊莎貝拉隱居於此，沒有再參與政治，歸信宗教，直至去世。

●愛情花朵開在懸崖

利茲城堡是可愛的，她可愛在閨閣的風度，搖曳於河岸的粉紅、嫩黃的野花，流轉的風鈴和永遠無法實現的年少憧憬……只是有時實現這份憧憬要走一段異常艱難的路。

1420年，英王亨利五世迎娶年輕貌美的法國公主凱瑟琳。但2年後國王就戰死沙場。作為寡居的王后，凱瑟琳不得不入住利茲城堡，這一年她才21歲。寡居王后在利茲城堡的生活無比寂寞，沒有歡宴，沒有奉承，完全被世人遺忘。只有負責看管王后首飾的年輕侍從歐文，都鐸給了美麗淒涼的哀怨王后一點真誠的憐憫。在夢幻般美麗的利茲城堡，兩人的愛情電光火石般發生了。這樣的愛情無異於到懸崖邊採摘花朵，失足跌倒就是萬劫不復。果然，不久東窗事發，王后被軟禁，歐文被扔進大牢。但是年輕的歐文並不畏懼，依然深愛著王后。王后變賣一切幫助歐文越獄。最終，已經失去頭銜、財產而變得一無所有的兩人成功逃出，在一個鄉村小教堂祕密結婚，終成眷屬。其後，他們生下長子埃德蒙德。凱瑟琳和歐文並沒有因窮困而自暴自棄，反而合力經營小日子，並教育好小埃德蒙德。

在他們兩人過世後，孫子亨利文韜武略，能征善戰，光耀門楣，建立起英倫歷史上一個新的盛世——都鐸王朝，史稱亨利七世。這使得凱瑟琳與歐文的愛情被寫入史冊，成為令人欣喜和讚歎的傳奇。

1420年6月20日，英王亨利五世迎娶法國瓦盧瓦王朝的凱瑟琳公主。這段婚姻緣於亨利五世入侵法國並強迫法王查理六世簽訂了《特魯瓦條約》。條約規定：亨利五世娶查理六世的女兒凱瑟琳，並在查理六世去世後繼承法國王位。

英國王室的愛情絕唱

——溫莎城堡

溫莎城堡是千年王權的傳承之地,是普通人無法企及的貴族夢想。每一年,著名的嘉德騎士勳章的授勳禮在這裡舉行。維多利亞女王晚年也曾隱居在這裡。不過,在王室傳說中最引人矚目的,還是愛德華八世和華里絲·辛普森的愛情絕唱。

雍容雅致　奢華壯美

在和爽的秋風中,在陽光下,溫莎城堡是蜜色的,威嚴、沉靜又甜美,幾個世紀漫長的建築過程使得整棟建築完全不對稱,宛如一個奇幻的夢。它雄踞在泰晤士河畔一座100英尺高的山岡,地勢險要,俯扼倫敦。東部、北部都是平曠的地貌,視野極其開闊。1070年,「征服者」威廉一世在這裡建起第一座木柵城堡。至「短斗篷」亨利二世執政期間,才建起第一座石頭碉堡。至今,溫莎城堡已是全部由石材建成,占地達7公頃。

溫莎城堡

1070年時,英王威廉一世為了鞏固倫敦以西的防禦,並保護泰晤士河上往來的船隻,在倫敦以西的一座高崗上建造了這座城堡。

溫莎城堡分為上、中、下三個區域。最先建立木柵和石頭碉堡的區域是「中區」。中區有一座「圓塔」,在威廉一世時代那裡是古炮台。我們稱呼它為「圓塔」,並不是因為這座塔是圓的,而是因為塔被建在一座圓形的土丘之上。數百年前的木柵和碉堡也建立在這個土丘上,如今環繞土丘植滿了英國的國花薔薇,形成了一個薔薇園。

薔薇園東面是「上區」。「上區」包括眾多

宮殿和別墅，多達千餘個房間：中世紀式的皇家法庭、國王和女王的寢宮、餐廳、舞廳、觀見廳、客廳、交誼廳、畫室等。其中尤為著名的一個會客廳是聖喬治大廳，模仿法國波旁王朝時期的室內建築風格，房間中還陳設了一尊法國國王路易十五的銅像。大廳寬敞明亮，水晶吊燈低垂，天花板上裝飾著各種文章圖案，壁爐上有成套的盔甲，牆壁上掛著一幅幅肖像並以金箔包嵌，皇家氣派十足，又不失高雅的藝術氣息。國王餐廳是溫莎城堡現存的三個查理二世時期巴洛克風格大廳之一，以精美的木雕及栩栩如生的壁畫聞名。

· 古堡 檔案 ·

◆ | 國家 | ：英國
◆ | 始建年代 | ：1070年
◆ | 英文名稱 | ：Windsor Castle
◆ | 相關人物 | ：愛德華八世、辛普森夫人

心懷邪念者蒙羞

城堡西面是「下區」，著名的聖喬治禮拜堂就在這裡。聖喬治禮拜堂是一座歌德式教堂，中殿垂直的廊柱托起金色的扇形拱頂，彩繪玻璃精巧艷麗。禮拜堂由嘉德勛爵在1475年開始建造，包括：亨利八世、喬治五世、喬治六世在內的十位國王死後都葬在這裡。每年6月，這裡會定期舉行「嘉德騎士勳章」的加封儀式。「嘉德騎士勳章」的歷史可以追溯到中世紀，與傳說中的「神聖羅馬帝國的龍騎士勳章」歷史一樣漫長。當今的英國王儲查爾斯王子就是一位「嘉德騎士」。

「嘉德騎士勳章」的標誌是一條繡有「心懷邪念者蒙羞」金字的藍天鵝絨襪帶。相傳14世紀的君主愛德華三世在與一位女伯爵跳舞時，女伯爵的襪帶突

然掉了下來，在場的人都十分尷尬，掩著嘴竊笑。然而愛德華三世並不以為然，他若無其事地把女伯爵的襪帶拾起，並繫在自己的腿上，說：「這沒什麼好笑的，心懷邪念者才會因此而蒙羞！」國王坦蕩蕩的胸襟和尊重婦女的紳士風度受到後世的模仿和崇敬，而他的這句名言也被作為勳章的座右銘。

據說「嘉德騎士勳章」的封獎最初就是由愛德華三世設立的，但因為年代實在太久遠，所以史學家也無法提出證據。反倒是考古學家為這個問題的研究做出了貢獻：他們在溫莎城堡內挖出了一個巨大的「圓桌」，經鑒定，這個「圓桌」屬於愛德華三世時代。英國歷史上一向流傳著「亞瑟王和他的圓桌武士」的傳說，但在此之前人們普遍認為這個傳說是虛構的。「圓桌」的考古發掘扭轉了人們研究一些歷史問題的態度：此圓桌就是傳說中的圓桌嗎？愛德華三世就是亞瑟王嗎？「圓桌武士」就是「嘉德騎士」嗎？傳說中的聖劍、女巫和足智多謀的梅林真的存在嗎？這一系列有趣的謎題還要留給後人去探索。

如今，每年在聖喬治禮拜堂內殿舉行的騎士授勳典禮都十分盛大，每一名騎士在內殿裡皆有一個固定的座位，大殿後面的牆壁上對應掛著他們的盔甲、佩劍和旗幟。「嘉德騎士勳章」是一種級別很高的勳章，基本上只授予國君。勳章授予後也可以剝奪，第一次世界大戰中的德國皇帝威廉二世和奧地利皇

帝弗朗茨·約瑟夫一世，第二次世界大戰中的日本昭和天皇都曾被剝奪勳章。因為他們「心懷邪念」，會令勳章「蒙羞」。

緊鄰聖喬治禮拜堂的艾伯特教堂是為了陳放維多利亞女王的丈夫艾伯特的遺體而修建的，教堂內還設有艾伯特親王紀念塔。維多利亞女王與丈夫艾伯特親王是表兄妹關係，他們從童年就相識，因此在婚後感情一直非常好。無奈因為近親通婚，女王所生的4位王子中3位患有血友病，5位公主也全部是血友病基因攜帶者。可以想見，如果公主們進一步與歐洲其他王室通婚，通過「母子遺傳」，王室將找不到男性繼承人。維多利亞時代是英國社會飛速發展、經濟十

1911年愛德華受封為威爾斯親王時的照片。受封儀式在迦納封堡舉行，這也是中世紀以來首次真正在威爾斯舉行的有關的名銜受封儀式。

分繁榮的時代，女王本人也具有相當高的統治智慧，因此首相樂於聽取女王的意見。但在1861年艾伯特親王故去後，女王鬱鬱寡歡，開始不問政事，不戴王冠，黑衣素服，長期隱居在溫莎城堡，直至去世。在這一階段，首相漸漸擁有了實權，客觀上完善了英國的君主立憲制度，進一步促進了英國的發展。

愛德華八世和辛普森夫人

溫莎古堡因它曾經的主人愛德華八世的一段曠世奇情而有了迷人的色彩。愛德華八世是英國歷史上唯一一位自願退位的君主，在當時，這一消息一經傳出，可謂驚駭世人，而這一切都緣於他與平民女子辛普森夫人的戀情。

愛德華年輕的時候曾參加過一戰，頗受參戰士兵的愛戴。王子聰明、有活力、擅長言談、風度翩翩，與他木訥靦腆的弟弟喬治形成鮮明對比，使他被看作繼承王位的當然人選。

1928年，父親喬治五世送給王子一棟私邸，允許長大成人的王子單獨在王宮生活。此後，王子談了一些戀愛，對象全都是些年紀不小的女人。

就在這時，他結識了華里絲·辛普森夫人。時年34歲的華里絲出生在美國，20歲的時候與一名年輕的飛行員結婚，但是婚後生活不甚愉快。11年後，她結束了這段無望的婚姻，嫁給了富有的船舶經紀人歐內斯特·辛普森。不久，華里絲隨丈夫移居英國，進入了倫敦上流社會的社交圈。1930年11月，華里絲與愛德華在一次酒會上相逢。以傳統的標準來看，華里絲稱不上一個美人，但是她的身材相當窈窕，而且人生閱歷豐富，老於世故，有著美國女人的豪爽大

度，這一切都使愛德華傾心不已，兩個人祕密交往了6年。對於愛德華的艷史，王室也有些風聞，但他們寄望愛德華繼位後會自動與辛普森夫人斷絕關係。

1936年，喬治五世過世，愛德華繼位為愛德華八世。國王開始考慮怎樣才能和華里絲結婚。華里絲首先同早已貌合神離的丈夫離了婚，接下來兩人要面對一個最艱難的問題：怎樣獲得國會的認同。

當年11月，國王正式通知國會：他將與華里絲結婚。鮑德溫首相只回答了他兩個字：荒唐！國會態度非常強硬，國王便想採取一種折中方案——貴庶聯姻。貴庶聯姻的意思是國王娶一位平民女子為妻，但不冊封為王后。但是貴庶聯姻的方案也沒獲得通過。國王身邊的謀臣開始勸說國王，與華里絲的婚姻絕無可能性，還是早點死心，徹底斷絕與她的往來，多花些心思在國王的職責上吧！國王卻說：「我現在唯一考慮的是，我到底配不配做華里絲的丈夫呢？」短短的一句話，吐露出一個重大的轉變：英國王室內部已經受到現代意識的洗禮，再也不是中世紀的王庭了，連國王本人都認為，去尋找幸福的生活遠比手握王權更重要。

🖐這張照片拍攝於愛德華八世與辛普森夫人前往法國結婚期間。愛德華只做了325天國王就為愛情遜位了，邱吉爾曾感嘆道：「這是歷史上最動人的愛情。」

12月3日，國王與國會矛盾激化，首相鮑德溫、工黨領袖艾德禮都站出來反對這門婚事，宣稱如果國王執意與華里絲結婚，內閣將集體辭職。國王不肯讓步，說：「無論當國王還是不當國王，我都要娶華里絲，為了達此目的，我寧願退位。」在宮廷裡也沒人支持華里絲，貴婦們私下裡議論，說華里絲是個「十足的蕩婦」，「存心勾引國王，妄想當王后」。種種謠言誹謗令華里絲不堪忍受，在這個緊要關頭，她選擇了遠走法國。在那裡，她致信給愛人要求分手。愛德華八世回信說：「即使因為和妳在

一起我一無所有，我也沒有怨言，比起妳來，王冠、權杖和御座都不重要。」

1937年，一家法國雜誌以愛德華八世與辛普森夫人的照片為封面。愛德華八世遜位的驚人之舉，使得他們之間的愛情被廣為傳頌。

1936年12月11日，國王透過廣播宣佈退位，這時正是第二次世界大戰前夕，千萬國民聽到這個消息後，痛哭流涕著癱倒在路旁。許多有識之士都深深地為國家命運擔憂。愛德華的弟弟喬治聽到廣播聲明也掩面哭泣。次日，喬治繼位為喬治六世，而愛德華在海軍艦隊的護送下，前往法國與華里絲團聚。考慮到愛德華的特殊身分，1937年3月8日，喬治六世為哥哥創建了一個新的頭銜——溫莎公爵。

當年6月3日，公爵與華里絲在法國舉行了一個小型婚禮，沒有一位王室成員前來祝福，倒是記者們聞訊蜂擁而至，用鏡頭記錄下了永恆的一瞬，這為了愛情犧牲了權位、名譽和一切的一瞬，這揮別了往昔親朋的一瞬，這心碎的一瞬，這幸福的一瞬……公爵夫婦兩人僵直地站在鏡頭前，讓記者拍攝了幾個鐘頭。

1938年，溫莎公爵夫婦入住溫莎城堡。為了讓丈夫在城堡中住得更舒適，公爵夫人花了大筆金錢裝飾這裡。公爵夫婦在溫莎城堡居住了十多年後，於1949年遷居巴黎，幸福地生活了35年，死後被運回英國合葬。

感人的遜位講話

愛德華八世與辛普森夫人的愛情故事一直被認為是王室愛情的絕唱，但是也許是因為傳誦的人太多了，反而令真相迷茫起來。可能唯有國王自己所說的話才能代表他的心聲，讓我們一起來看他在1936年12月11日發表的遜位講話內容：

經過許多周折以後，我終於能說幾句心裡話了。我從來不想抑制自己，但是根據憲法，在此以前，我不可能說出自己的話。幾小時

前，我卸去了作為國王和皇帝的最後責任，繼承我的是我的弟弟約克公爵，我首先要說的話必須是聲明我對他的忠誠，我真心誠意地做出這一表示。你們都知道促使我放棄王位的原因，但我要你們理解：在作出這個決定時，我沒有忘記在25年中我作為威爾斯親王和後來作為國王力圖為之盡力的國家和帝國。

但是，倘若我告訴你們，如果沒有我所愛的這位婦女的幫助和支持，我覺得不可能按照我本來的意願承擔起這一重擔，履行國王的責任，你們應該相信我。我還要你們知道，這個決定僅僅是我一人作出的。這是一件完全得由我獨自進行判斷的事情。與此事最密切相關的另一個人，直至最後還在勸我採取一種不同的做法。按照結局要對各方面都合適這個唯一的想法，我作出了一生中最重要的決定。

我的弟弟，在我國公眾事務中得到過長期的鍛鍊，並具有優秀的品質，因此，當我確實知道他將立即接替我，而不致給帝國的生活和進展帶來障礙和損害時，我作出這個決定就不那麼困難了。而且他擁有一種你們中許多人都享有、而上帝沒有賜予我的無與倫比的幸福——他與妻子和孩子組成的快樂家庭。

在這些困難的日子裡，我受到母后陛下和我的家族的安慰。王國政府的大臣們，特別是首相鮑德溫先生始終給予我充分的體諒。在我與他們之間，在我與國會之間，從未在遵守憲法的問題上產生過分歧。我的父親根據憲法傳統把我教養成人，我絕不會讓任何這類問題出現。

自我當威爾斯親王之時起，以及在之後登上王位的日子裡，無論我居住或旅行於帝國的什麼地方，所有各階層的人民都以最大的善意對待我，我對此十分感激。現在我完全退出了公眾事務，放下了我的擔子。我可能還需要過一段時間才能返回故鄉，但我將以深切的關心注視著不列顛人民和帝國的命運，在未來任何時候，如果國王陛下發現我能以私人身分做點什麼的話，我絕不會辜負這種期望。而現在，我們大家有了一位新的國王。我真心誠意地祝願他和你們——即他的人民——幸福、昌盛。願上帝保佑你們大家！上帝保佑國王！

🌸歷史上，多位英國國王和王后曾對溫莎古堡進行過建造與擴展，使得古堡集要塞、住所、行政官邸、監獄等功能於一身。

茜茜公主的美麗與哀愁

——布達佩斯城堡山

來到布達佩斯城堡山上，這裡的風會告訴你一位名叫茜茜的巴伐利亞公主的故事。命運安排她成為奧地利王后，她忍受了宮廷的規矩、婆婆的刁蠻、丈夫的冷漠，但永遠也忍受不了與親生骨肉的分離。她努力抗爭，肩負起國家職責，成為一朵盛放在布達佩斯城堡山中的玫瑰。

右岸布達　左岸佩斯

多情的多瑙河潺潺流經歐洲，它的色彩變幻不定，而流經布達佩斯城的一段是人們認為最美的河道。河的右岸叫布達，左岸叫佩斯，城堡山就位於佩斯一座海拔167公尺的山岡上。

要追溯古堡的建造歷史，得從幾個世紀前講起。9世紀時，被認為是突厥人一支的馬扎爾人佔領了這裡，並建立了匈牙利王國。大約在10世紀末，匈牙利王瓦伊克受洗成為基督徒，這是匈牙利文化上的一個重大轉變。1247年，為了防範韃靼人的入侵，國王貝拉四世決定修建布達城堡。歷時幾十年，城堡規模越來越大。14世紀到15世紀是布達佩斯城堡山的全盛時期，一座布達古城圍繞著城堡山修建完成。城內有3座城門和4條平行的主幹道，全城小巷連通，街道交會處是集市和廣場，這種城市規劃風格表明了中世紀以前這裡應該是羅馬的一個行省。1541年到1686年間，異教的鄂圖曼土耳其佔領了這裡。17世紀，布達佩斯臣服於當時歐洲最強大的哈布斯堡王朝。

布達佩斯城堡山有2/3的面積被南端的布達皇宮佔據，這是一棟帶兩翼和高大圓塔的恢弘建築，巴洛克式的立柱、廊簷、穹頂和浮雕運用得叫人沒話說。推開一扇扇厚重的橡木門，往昔的繁華彷若浮現在眼前，讓人記不起它失守的歲月受到的委屈蹂躪，只有殿前廣場上歐仁尼大公的銅像還在提醒著人們：英雄是如何浴血奮戰，才能從異教徒手中奪回城堡。城堡

・古堡　檔案・

◆｜國家｜：匈牙利
◆｜始建年代｜：1247年
◆｜英文名稱｜：Budapest Castle Hill
◆｜相關人物｜：茜茜公主、弗蘭茨・約瑟夫

🌸（左圖）布達佩斯城堡山上的布達皇宮

布達皇宮在15世紀時曾是歐洲最金碧輝煌的皇宮之一，著名的茜茜公主也曾居住在這裡。

🌸（右圖）多瑙河上的塞切尼鐵索橋將隔河相望的布達與佩斯緊緊連接起來。

山內有座馬加什教堂，建於1255年，是歷屆匈牙利國王加冕、婚娶和舉行葬禮的地方。

　　沿著城堡山的石頭長階爬上去，來到山頂的護牆處，俯望多瑙河從山腳下流過。每當夏季，這裡樹木蔥鬱，是一處景致宜人的所在。從這裡還可以望見城堡山內一座雙層的、帶兩翼的茜茜公主行宮。站在這裡遠眺，一位名叫茜茜的憂鬱佳人的故事值得聽一聽。

一見鍾情　如花美眷

　　茜茜公主本名伊麗莎白，是19世紀巴伐利亞王國的馬克西米里安·約瑟夫公爵的女兒，茜茜是她的乳名。公爵是位浪漫的貴族紳士，每天只知寫詩、彈琴、騎馬、遊樂，對政治絲毫不感興趣。茜茜公主的母親魯多維卡門第高貴，公主的姨媽蘇菲是奧地利哈布斯堡王朝的王后。

　　1848年，蘇菲的兒子，18歲的弗蘭茨·約瑟夫登上了奧地利皇帝的寶座，

是該為年輕的國王尋一門好親事的時候了。蘇菲王太后想與自己的妹妹親上加親，於是巴伐利亞公爵家的溫柔而又有教養的長女埃萊娜公主成為王后的最佳候選人。在埃萊娜公主與小國王弗蘭茨·約瑟夫見面的那一天，16歲的茜茜忽然手捧著一束野花嬉笑著跑進來，想看看遠道而來的表哥。身著樸素的家常連衣裙，沒有一件金鑽首飾的裝點，茜茜和她手中的花朵一樣，還掛著清晨的露珠，質樸、清新、自然，還有驚人的美貌。這令小國王對她一見鍾情，不能自拔。

　　儘管出乎人們的意料，但魯多維卡公爵夫人和蘇菲王太后對這個結果基本上是滿意的。1854年4月24日，這對璧人在維也納舉行了婚禮。自婚禮的隔天起，茜茜就感覺無法習慣宮廷的繁文縟節，王太后蘇菲也經常指責她沒有教養和不安分。面對婆媳的不和，丈夫弗蘭茨·約瑟夫卻態度消極，這令茜茜感覺到真摯的愛離她遠去了。

　　一年以後茜茜懷孕了，在歷經十月

懷胎的痛楚後，一位小公主誕生了。可是小公主剛一落地，就被奶娘抱走了。又過了兩年，第二個小公主出生後仍舊被抱走。常人難以想像的孤獨和產後抑鬱幾乎將年僅25歲的王后擊垮，往昔故土純真的生活和此刻王庭內的爭權奪利，一番強烈的對比令茜茜難以承受，令她的精神一天天地耗弱下去。1857年，她的一個女兒夭折了，茜茜卻從未能讓女兒感覺到母愛的溫暖。1858年，茜茜生下了帝國的繼承人——魯道夫王子，和前兩次一樣，孩子又被抱走了。

這種做法是源於奧地利宮廷不希望王室繼承人與生母之間的感情太密切，以防止王后干政。但這是違背人性的，是對一個女人最殘酷的懲罰。難以抑制的感傷、空虛，也許還有雨夜裡的奔走使王后患上了很嚴重的肺病。她無法進食，發著高燒，說著胡話，在迷夢中呼喚著她的三個孩子。宮廷御醫圍繞在她的床頭悉心治療，經過很長一段時間後她才病癒。有過這段垂死的經歷後，茜茜決定主動改變自己的人生。無論王太后怎樣地冷漠對待，國王怎樣地心不在焉，她都強硬地爭取對兩個孩子的教育權。既然無法逃避，她便熱情地融入到哈布斯堡社交的風潮之中，用無休止的舞會消耗掉自己多餘的精力。每天天濛濛亮她就起床洗冷水浴，然後在教練的指導下練習擊劍、游泳和體操。她還陪同丈夫出席國事訪問，親自慰問戰爭中的難民。從這個時期起，茜茜開始介入維也納的政治生活。

流年似水　身世飄零

在與弗蘭茨·約瑟夫國王幾十年的婚姻中，應該說兩個人的感情還沒壞到要決裂的地步。但這段婚姻之所以以悲劇收場，也與當時的時代環境有些關係。弗蘭茨·約瑟夫繼承了哈布斯堡王朝廣大的領土，他肩上的擔子十分沉重，加上從小受到嚴格的宮廷教育，教導他要將生活的重心放在政務上，令他無暇去顧及茜茜的感受。久而久之，兩人的感情就疏遠了。

1866年，普魯士－奧地利戰爭

🏰白色漁人堡
位於城堡山上，因堡頂有3座斗笠一樣的尖塔而得名。

爆發，弗蘭茨・約瑟夫一世敗北，被逐出德意志聯邦。同年，有位安德拉希伯爵為國王牽線，使奧地利和匈牙利能夠坐到談判桌前。次年，奧匈帝國成立了，安德拉希伯爵也因這份功績而成為匈牙利宰相。1867年6月8日，伯爵親手為茜茜加冕，宣佈這位奧地利王后成為匈牙利女王。

很多人可能會奇怪，匈牙利人為什麼選擇一位奧地利王后做自己的女王？那是因為當時奧匈帝國的統治結構十分複雜，是一個二元政權國家，因為匈牙利許多人認同茜茜的魅力才選擇她作為女王。與此同時，女王與宰相安德拉希的關係也開始越來越微妙。茜茜依賴著伯爵，但這是一段不可能的戀情，伯爵只能用畢生的敬重來回報女王的愛。

成為匈牙利女王之後，茜茜終於完全獲得了孩子的教育權。可是似乎太遲了，1889年1月30日，她的獨子魯道夫王子自殺了。茜茜沒有辦法不感覺到內疚，因為在她的孩子最孤獨、最無助、最困惑的時候，自己沒能陪伴、安慰和開導他，致使慘劇發生。王子死後，茜茜無力面對維也納這個傷心地，開始了周遊世界的旅程。一轉眼10年過去了，1898年9月10日中午，在瑞士的一個碼頭，一個名叫盧伊季盧切尼的義大利無政府主義者手持一把利錐突然衝出來，刺了茜茜一下，茜茜甚至沒有感到疼痛，搖擺著向船上走了幾步，接著就倒下了。侍女解開她的衣服，她胸前一個很小的血點湧出了大量鮮血……

❀茜茜畫像

茜茜行事特立獨行，性格倔強，但情感脆弱，她一直拒絕扮演傳統的妻子、王后和女王的角色。

弗蘭茨・約瑟夫一世得知她遇刺身亡的消息後說：「我一生愛著她！」那麼她呢？她愛國王嗎？愛伯爵嗎？她身居顯赫，卻孤高淒涼，只留下一段淒美的傳說。

斷壁殘垣中的柔情
——海德堡城堡

海德堡城堡位於德國的西南部，建於13世紀。17世紀時曾兩度被法國人以火藥摧毀，後幾經波折，最終也沒能恢復原貌。但這裡絕不是一片死寂的土地，腓特烈五世、歌德等人在這裡一次次唱響了愛情的聖歌。面對如此浪漫聖地，又有誰能夠不情迷海德堡？

▌伊麗莎白之門 ▌

在美麗的寶座山頂，在蜿蜒的內卡河河畔，有一個處處瀰漫著浪漫氣息的所在，它的名字叫做海德堡城堡。來到這座玫瑰色的古堡，最先映入眼簾的是一座門，斑駁褪色的門拱掩蓋不住當年的雕梁畫棟，這就是著名的「伊麗莎白門」。拱門裡藏著一個讓所有女孩羨慕到嫉妒的故事。

1615年，選帝侯腓特烈五世的王后伊麗莎白18歲了。為了給這位來自英國的心愛王后慶祝生日，腓特烈五世想出了一個絕妙的點子。他暗中命人於王后生日的前夜，在海德堡城堡內悄悄地建造出一座美麗的拱門。作為獻給愛妻的生日禮物，他還特地命人在拱門上鐫刻：獻給最心愛的妻子伊麗莎白。

不妨讓我們臆想一番，當隔天清晨，伊麗莎白王后推開臥室的窗子，忽然看到那座宛若彩虹的拱門時，會是怎樣一番心情？當她走近，看到上面鐫刻的文字時，又是如何的驚喜？

然而，美好的事物總是不能長久，好像只有悲劇才能讓人們的記憶停留。這位選帝侯太愛他來自英國的妻子了，以至於在宗教信仰上跟從妻子改信新教，全力支持新教改革。這在信奉天主教的國家裡，簡直是離經叛道的行徑。他的這種做法惹怒了普魯士國王，沒過多久，普魯士國王便以「正教」為名攻打海德堡，腓特烈五世寡不敵眾，棄城而逃。整個海

·古堡 檔案·

◆ │國家│：德國
◆ │始建年代│：13世紀
◆ │英文名稱│：Heidelberg Castle
◆ │相關人物│：腓特烈五世、歌德

🌸（左圖）海德堡城堡當年既是選帝侯的官邸，也是一座軍事要塞，內部結構複雜，建有防禦工事、宮殿和花園等。

🌸（右圖）法王路易十四畫像
在路易十四軍隊的攻擊下，海德堡城和海德堡城堡遭到嚴重摧毀。

德堡就這樣第一次被捲入戰爭，並第一次遭到了嚴重破壞。

如今，整個城堡早已不見當年的輝煌，但在一片斷壁頹垣之中，唯獨這座「伊麗莎白之門」仍然完好無損地矗立著，訴說著當年那段刻骨的愛情與殘酷的戰爭。

奧爾良戰爭

因為宗教信仰的原因，海德堡被捲入戰爭，又在戰火中受到重創。戰爭結束後，當時的選帝侯重建了海德堡。城堡雖然得到了修復，但是規模遠不如前。這個時候的選帝侯家族，也像他們的居所一樣受到了重創，無論從地位還是實力上，都不再能與往日相提並論。

為了鞏固地位，選帝侯想到了聯姻。他想透過女兒的婚姻來拯救家族，以重獲往日的榮耀。於是，他把女兒萊斯洛特嫁給了法國國王路易十四的弟弟奧爾良公爵。然而，這位選帝侯的願望落空了，萊斯洛特在法國王室中並沒有得到重視。相反，他們甚至嘲笑這位公主的談吐粗魯，舉止失禮，沒有王室成員應有的氣派。

不久，選帝侯唯一的兒子意外夭折。兒子的死給他帶來的不僅僅是悲痛，還有一個更現實的問題——他的王位將無人繼承。就在這個時候，原本在法國不受歡迎的萊斯洛特公主，突然變得尊貴起來，因為她如今成為了選帝侯家族的唯一血脈。野心勃勃的路易十四當即就向選帝侯提出了繼承王位的要求：弟媳為選帝侯公主，選帝侯王位無繼承人時，理應由她的丈夫，也就是奧爾良公爵為王位繼承人。面對這個要求，選帝侯斷然拒絕。於是戰爭的陰霾

21

再次瀰漫在海德堡上空。路易十四用軍隊護送他的弟弟——奧爾良公爵——至海德堡，戰爭正式展開。

這是一場注定失敗的戰爭，地小人寡的公國怎能和當時雄起歐洲大陸的法國相提並論？但是，選帝侯與他的臣民們並沒有因此放棄抵抗的鬥志，人們用勇氣與驕傲，與法國軍隊做著最後的搏鬥。但由於寡不敵眾，海德堡城堡最終失守，選帝侯放棄了這座他和祖先們曾經居住了近300年的城堡，遷居曼海姆。

法軍在這場戰爭中也並沒有嚐到多大甜頭，他們為侵略他人的土地付出了慘重代價。因此，法國人恨透了凝結著戰友和敵人鮮血的海德堡城堡。當他們最終攻占這裡的時候，城堡成為了他們發洩怒氣的地方。法國人在城堡中堆放火藥，試圖炸毀它。但堅固的城堡挺過了這一劫難，並沒有受到太大損壞。可是法國人並沒有因此而放過它，4年以後，法軍找來更多的火藥疊放在城堡內。這一次，海德堡城堡沒有那麼幸運了，它被炸成了兩半。

當年焚燒城堡的沖天火光至今仍留在海德堡人的記憶深處。如今人們每年都會在城堡的廢墟上舉行「火燒城堡」的紀念儀式。

如今，海德堡城堡的主體建築已經得到修復並恢復了原貌，未修復的部分仍為斷壁殘垣。

把心留下的地方

海德堡城堡身上依附了太多美麗的故事，而真正賦予這座城堡浪漫基調的，是德國偉大的詩人歌德。海德堡如有魔力，吸引著這位偉大的詩人先後8次來到這裡，一段關於歌德與海德堡的浪漫故事也就此展開。

66歲的歌德來海德堡參觀一個古畫收藏展覽。在這裡，他遇到了已婚的猶太美女瑪麗安娜。瑪麗安娜優雅的氣質和文雅廣博的談吐深深吸引住了這位詩人。最妙的是，瑪麗安娜還精通詩歌和音樂，能夠經常和歌德一起作詩。脾氣與心靈均極為契合的兩個人一見鍾情，很快便墜入愛河，富有才

情的瑪麗安娜與歌德一起創作了許多詩篇，以至歌德把她呼作「我的活繆斯」。

美麗的海德堡城堡為兩人的愛情添上了更為浪漫的一筆。每當傍晚來臨，兩人迎著海德堡城堡的斜陽，閒適地在花園的小徑上漫步，週遭的一切都成了甜蜜的襯托。歌德在這裡為他的女神朗誦著自己的作品，把她的名字一筆筆地寫在花園的沙地上。當然，不止是沙地，這美麗的名字更是鐫刻在了詩人心裡。就這樣，一對戀人度過了他們人生之中唯一在一起的兩週時光。從此，兩人再也沒有見面。

在此後的17年中，兩人一直用書信的方式保持著聯繫，傳達著彼此對對方刻骨的思念。這思念，讓歌德把瑪麗安娜變成了《東西狄凡》中的「蘇萊卡」；這思念，促使歌德將兩人的詩歌收錄在他出版的《東西詩集》中。隨手翻開詩集，到處可見詩人對這段刻骨銘心的感情的真情流露。正如歌德自己所言：「我的心遺失在海德堡的夏日中。」

海德堡城堡成為了這段美麗戀情的見證。100年後，海德堡人在城堡的花園裡，為他們偉大的詩人建造了一座紀念碑，碑的上方立著歌德的青銅像，下方刻著瑪麗安娜的詩句：「高牆開花之處，我找到了最愛的他。」

在歌德死後的800年間，又有許多詩人和藝術家慕名來到海德堡城堡，並且從不吝嗇他們的語言，為古堡譜下美麗的詩篇。海德堡城堡與它所在的城市一起，成為了德國浪漫主義精神的化身。如今，海德堡被歷史罩上了一層滄桑的外衣，玫瑰色的古堡在落日餘暉的映襯之下閃閃發光。只要你來到海德堡，就會像歌德一樣，把心留在這裡。

亨利二世與黛安娜的曠世絕戀
——香波城堡

香波城堡是一座規模宏大的行宮和王室御苑。傳說年輕的法王弗朗索瓦一世愛上了一位絕色的羅亞爾河姑娘，因此決意在羅亞爾河谷修建這座完全基於美觀考慮而沒有任何防禦功能的城堡。藝術大師達文西曾參與了城堡的部分設計。之後，亨利二世與貴婦黛安娜在這裡演繹了一段浪漫愛情。

文藝復興的建築傑作

　　香波城堡座落在法國羅亞爾省尚博德市科松鎮一片鬱鬱蔥蔥的森林中，距巴黎僅175公里。潺潺的羅亞爾河從這裡流過，兩岸丘陵漫布，幽澗茂蘭，風光曼妙，靜謐淡雅。城堡區總占地多達5225公頃，僅圍繞它的城牆就長達32公里，有6座城門可以進入。城堡內部包括近4000公頃的林區，那裡就是昔日的國王狩獵區，因此需要穿越重重的樹林，才能看見香波的主堡。

香波城堡內有一座舉世聞名的「雙旋梯」，據說是由達文西親自設計。所謂雙旋梯，是指兩組樓梯圍繞同一軸心交替上升，說起來有一點詭異，它的樣子看起來倒很像一個超大型的DNA雙螺旋模型。鑑於大師的思想非常超前，因此即便是他把樓梯設計成人類基

🏰 **香波城堡**
城堡建在一塊長方形的地基上，屋頂上點綴著365個煙囪，這表明了主堡的建築特徵：基部設計簡潔優雅，頂部設計誇張並極具藝術效果。

因載體的形狀也並不奇怪，只不過這又為藝術史學家們留下了永遠的課題。

　　弗朗索瓦一世居住在城堡的時候，他的臥房在主堡東側圓塔的二樓，從這裡的窗口，可以望見長方形的庭院、連片的芳草地和點綴其間的點點野花。儘管弗朗索瓦一世為香波城堡奠基，但他卻沒福氣在這裡享受到一個安詳寧靜的午後，因為他生前居住於此的時候，到處都在叮叮噹噹地修建，可憐的國王不得安寧。弗朗索瓦一世最愛在香波城堡舉行狩獵活動，這是一種王室的大型戶外活動，伴駕的騎士、弄臣、貴冑皇親和隨行侍候的僕役、廚師等多達上千人，還好城堡中共有440個房間。

藝術庇護者：弗朗索瓦一世

　　弗朗索瓦一世被認為是法國第一位「文藝復興」的君主，而在他之前的國王仍被認為是「中世紀式」的國王。兩者有什麼區別？中世紀式的君主被認為只懂得殺伐征戰和開疆拓土；而文藝復興的君主則被認為應該具有良好的藝術品味和人文情懷，並懂得享受生活。儘管弗朗索瓦一世在政治、軍事、立法等領域的建樹不多，但他還是成為了法國歷史上最知名的國王之一，因為在他統治期間，法國的文化生活出現了一個繁榮的高潮，因為法國世俗生活的很多風尚都受到了國王的影響。

·古堡檔案·

◆ | 國家 | ：法國
◆ | 始建年代 | ：約1519年
◆ | 英文名稱 | ：Chambord Castle
◆ | 相關人物 | ：弗朗索瓦一世、黛安娜

　　1515年，年僅20歲的年輕國王發起了一場對義大利米蘭地區的征服戰爭，並在這場戰爭中獲勝。在繁華的藝術大都市米蘭見過世面之後，小國王再回到法國看見自己陰沉的古堡和簡陋的居室，就變得無法忍受了。他有一個龐大的計畫，要在法國全面推行文藝復興運動，包括：改建羅浮宮、興建楓丹白露宮等，而建造香波狩獵行宮排在這個計畫的首位，因為國王酷愛狩獵。事實上，國王的愛好還多著呢：華服、珠寶、歡宴、烈酒、舞會……弗朗索瓦一世徹底改變了法國的宮廷生活，在他之前的法國國王的生活以打仗和與群臣爭論國事為主旋律，女性基本上不出現在宮廷生活中。但從弗朗索瓦一世時代起，女性貴族成了宮廷生活的參與者，沒完沒了的宴會和舞會才是宮廷生活的主旋律。實在無法想像不浪漫的法國人和沒有一幅油畫的羅浮宮，但法國的藝術史和浪漫史真的比人們想像的要短得多，一切都是從弗朗索瓦一世時代開始的。在這一時期，也有一些年老保守的貴族

為宮廷中這種花錢如流水的生活擔憂過，但國王的母親，攝政的王太后露易絲卻支持兒子的生活態度，因為王太后本人也是一位義大利文化的愛好者。

為了能弄到義大利最優秀的藝術品裝點王宮，弗朗索瓦一世專門僱傭了一批人長年在義大利替他搜羅大師級的作品。國王還盛情邀請所有有才華的畫家到法國宮廷來擔任御用畫家，就連達文西也攜帶著《蒙娜麗莎》趕來了。

大師的到來令年輕的國王欣喜若狂，他連忙請達文西幫忙設計香波城堡。雖然大師當時已經因患病無法畫畫了，但是為了不讓國王掃興，還是勉強畫了幾張草圖。國王對這幾個構思非常滿意，馬上把草圖交給其他建築師去實施。大概是因為達文西的構思難度太大，所以只有一部分被完成，以雙旋梯為例，在達文西的原圖中要求兩組樓梯互相聯結，互為支撐，但在他過世後，工匠們實在不知道如何實現他的構想，

🕯1519年5月2日，藝術巨匠達文西逝世，據說他是在趕來的弗朗索瓦一世的懷中嚥下了最後一口氣。

只好用柱子把每節樓梯支撐起來。

年輕的國王與大師之間的感情非常好，他常常帶著自己畫的草圖來向大師請教。弗朗索瓦一世2歲時喪父，他對父親的印象已經很模糊了。也許在他心中常常會想，如果可以選擇的話，真希望父親就像達文西那樣聰明、睿智，那樣無與倫比的才華橫溢。許多個冬日裡，在溫暖的壁爐前，年輕國王依偎在藝術之父的腳邊，聽他談論大千世界和文藝國度的玄妙。可是僅僅3年後，大師逝世了。星辰隕落的消息傳來，年輕的國王正在巴黎處理公務，他丟下一切奮力趕回，在最後一刻淚流滿面地親吻了大師高貴的額頭。

她的命運之星高於王后

達文西過世後，在他的遺囑中將一生最心愛的得意之作《蒙娜麗莎》贈送給弗朗索瓦一世，以感激國王對他晚年的照顧。但有傳聞說達文西還曾贈送給國王另一幅畫，名叫《蒙紗的美妓》。很少有人真的見過這幅畫，這不過是眾多有關達文西的傳奇的一部分，而且這

幅畫中的女人也不是一個妓女，但是因為這是一幅裸體畫，不便說出這位女子的真實身分，人們便假稱她為妓女。畫中美人是當時法國宮廷中最美麗的女人——黛安娜·德·普瓦蒂埃爾。傳說達文西有一次在香波城堡中邂逅了她，大師驚嘆於她的美貌，於是以她為模特兒創作了這幅水彩畫。

黛安娜是弗朗索瓦一世的次子亨利王子的情婦，但是她

👆弗朗索瓦一世收到一幅藝術大師拉斐爾所作的聖母子像。拉斐爾創作的聖母像集中了文藝復興時期聖母像的一切優點,他堪稱最優秀的聖母像畫家。

世界風華館系列

的年紀比王子要大20歲,她與王子的這段戀情堪稱曲折離奇。黛安娜本是普羅旺斯總督的女兒,在她小的時候曾做過弗朗索瓦一世的伴讀侍女,也就是說,她的年紀與國王相仿。

　　圍繞著黛安娜有許多離奇的傳說。在她出生的那天,一位老婦在觀星後為她預言:黛安娜的命運之星將高於一位王后。她的名字源於希臘狩獵女神黛安娜。的確如此,她不僅美貌驚人,而且身體強健,從小在父親的熏陶下熱愛打獵,是一位出眾的騎手和射手。她有著一種與眾不同的風姿,既溫婉典雅,又身手不凡,引人矚目,令人驚嘆,獨特而性感。

　　據說弗朗索瓦一世年輕的時候因為朝夕相處,也曾為她神迷。黛安娜深知自己絕無可能坐上王后的寶座,而她也並不願只成為國王的情婦,於是毅然拒絕了國王的熱情。短暫而浮華的宮廷少女時代結束後,她遵循家族的安排嫁給了一位56歲的伯爵。這段婚姻肯定談不上理想,但黛安娜始終忠實於丈夫,用最大的愛心照顧已經年老的伯爵。他們一起搬到一棟諾曼第的豪宅中,在那裡,黛安娜完全忘記了巴黎,她依舊熱愛打獵。也是在那裡,第二個關於黛安娜的傳說發生了。據說有一天伯爵夫人外出打獵時,遇到了一個溺水的吉普賽女人,擅長游泳的夫人

＊達文西與小煙囪

　　香波城堡內共有440個房間，城堡屋頂上的小煙囪有365個之多。也就是說，除了雜物房，連僕人所住的房間都有供暖。不用擔心這麼多的煙囪同時排煙會汙染空氣，因為16世紀的宮廷是不燃煤的，而是燒乾燥的橡木，晚餐時還可以製造出炊煙裊裊的情調。由於小煙囪太多，如果齊齊豎在屋頂上，勢必造成「萬炮齊發」的滑稽景象，所以達文西把它們設計成從正面看和諧對稱，但從任何一個側面看都參差的特殊效果。很多小煙囪被加上拱形的小蓋子，使它們看起來像是具裝飾作用的塔樓。一些小煙囪還被畫上三角形和菱形的圖案，各個不同，十分可愛。人們常常驚嘆於達文西的奇思妙想，這一次，大師將香波城堡裝扮成了彷彿唯有精靈和幸福者才能居住的童話國度。

跳入激流中救了她的命。神祕的吉普賽女人為感激黛安娜的救命之恩，送給她一枚徽章，並說戴上這徽章，黛安娜將永遠青春不老。黛安娜在偏僻的鄉村蹉跎了太多的青春，當她回到巴黎時，弗朗索瓦一世早已同克洛德公主結婚。但是黛安娜毫不介意，還成為新王后的閨中密友。1519年3月15日，王后生下第二個兒子亨利王子，黛安娜還曾溫柔地擁抱和親吻襁褓中的小寶貝，並哄他睡覺。

　　這裡還有關於黛安娜的第三個傳聞。1523年，黛安娜的父親糊里糊塗地參加了一次反對弗朗索瓦一世的謀反，事後，所有的參與者都要被斬首。但是就在行刑前的最後一刻，國王忽然下詔赦免了黛安娜的父親。宮廷中人紛紛傳言：伯爵夫人終於向國王屈服了，因為實在不忍心見到老父親人頭落地。這個傳言反映出黛安娜當時在王廷之中的艱難處境。作為一位絕世美人，國王時刻覬覦著她的美貌，似乎作國王的情婦成了她唯一的出路。但是這種屈服會令堅強、自尊的黛安娜感到莫大的悲哀。

與王子在孤獨中相戀

　　1526年，按照當時的一項俘虜交換計畫，弗朗索瓦一世的王太子小弗朗索瓦和小王子亨利要被送往西班牙。這次旅程並無生命危險，更像是一種例行公事，但是對兩位王子的成長卻產生了巨大的影響。王太子小弗朗索瓦因為性格比較活潑，基本上適應了在西班牙的生活。而小王子亨利卻很害羞，在缺乏同齡的夥伴、不懂西班牙語，甚至沒有足夠的室外活動時間的情況下，亨利的性格變得越來越憂鬱。

　　在這無人理睬、孤苦伶仃的日子裡，亨利王子迷上了一本書──《高盧的阿瑪迪斯》。這本書只是當時普遍流行的歌頌騎士和貴婦的文雅之愛的通俗小說，但是書中描寫了很多歡快的戶外活動，如：網球、打獵、比武等，讓小王子非常羨慕。書中還有個美麗的女主人翁名叫奧麗雅娜，這個名字與黛安娜同韻。當小王子一遍又一遍地讀這本書時，他開始幻想黛安娜就是自己的奧麗雅娜夫人，以這種方式消磨自

已熱情過旺的青春期。

等到4年後王子回到巴黎，宮廷中的一切都發生了很大的變化。首先，他的母親已經過世，一位名叫安妮‧德‧皮絲露的18歲小姐做了父親的情婦，成了宮廷中呼風喚雨的女人。香波城堡中的雙旋梯正是為她而建造，因為安妮小姐不喜歡和王后碰面時向王后行屈膝禮，根據雙旋梯的構造，兩個女人便可以同時上下互不照面。後來，安妮索性要國王幫她另造一座城堡。坦白地說，安妮小姐的確很漂亮，富有青春活力，加上一會兒撒嬌，一會兒發怒，弄得國王實在拿她沒辦法，被迷得神魂顛倒。在香波城堡裡一個房間的玻璃窗上，國王用鑽石戒指刻下一句話：女人如此多變，只有瘋子才會相信她們。這句話可能是在被小情人折磨得快要崩潰時有感而發。太陽王路易十四居住在城堡中時，看到了這句話，趕忙把那塊玻璃打碎，唯恐自己的情婦看了生氣。看來國王們倒是同病相憐啊！

安妮容不下比她美麗的黛安娜，處處排擠黛安娜。這時黛安娜的丈夫已經過世，她以寡居貴婦的身分居住在宮廷之中，無依無靠，處境十分艱難。再次見到黛安娜，亨利王子激動得難以自抑，無論歲月如何流逝，黛安娜的臉上不染風塵，依舊如少女般美麗。王子琢磨著怎樣才能向夫人表白他的愛意。

一切從香波城堡的狩獵場開始。在入場儀式中，按照規矩，王子們要一個一個地從前來觀戰的貴婦面前走過。小王子亨利行至黛安娜伯爵夫人的面前時忽然勒住了馬，放低矛槍，高聲要求夫人允許他成為她的騎士，用鮮血和生命來捍衛她的尊嚴和榮譽。淚水蕩漾在夫人的眼窩，在經歷了所有的委屈

黛安娜的名字源於希臘狩獵女神黛安娜，而她的終生愛好亦是打獵。從這幅創作於約1550年的楓丹白露派畫作《獵神黛安娜》中，似乎可以望見法國宮廷貴婦黛安娜的影子。

與憤懣後，黛安娜含淚接受了這個小小騎士的愛。在此後長達20年的時間裡，伯爵夫人與王子相伴相依，王子直到離世也沒有辜負對夫人忠誠一生的許諾。美麗的香波城堡是兩人離奇愛情的萌發之處。

水晶宮內的祕密
——腓特烈堡

腓特烈堡的第一位女主人是丹麥與挪威的王后蘇菲，她在這裡生下了一位聰明又可愛的小王子。小王子在古堡中慢慢長大，每個人都預言他將成為一位偉大的君王。小王子成為國王後，野心勃勃地開疆拓土，但是很快就遇見了另一位更偉大的國王。於是嫉妒開始噬咬他的心，令其餘生在遺憾中度過。

童話仙境水晶宮

腓特烈堡位於距哥本哈根市約35公里的海勒歐小城，是一座荷蘭風格的文藝復興建築，唯美宏大。古堡的屋頂鋪設著銅板，覆蓋著藍色的琉璃，在四周瀲灩湖水的映照下閃動著盈盈光彩，顯得無比神祕，美輪美奐，因此被稱為「水晶宮」。

腓特烈堡的主堡是一組三面環抱的建築，正面和右翼是國王行宮，共60餘個廳堂，左翼是教堂，歷代丹麥國王曾在這裡行加冕禮。從1693年起，這裡成為騎士教堂，牆壁上高高懸掛著騎士盾牌。城堡身後的湖畔邊有一座極美的花園，水邊的斜丘上連片地盛開著菊花，胭脂紅、粉紅、奶白、嫩黃，妊紫嫣紅。灌木整整齊齊地被修成幾何形，野鴨時不時游到岸邊，把水草銜一銜。進入城堡內部，猶如跌進了一座華麗的迷宮，一個個大廳、大殿和連接它們的走廊、長廊，無處不是浮雕、油畫、掛毯、盾牌、家徽、盔甲……從天花板到地面，處處都透露出精細的奢華。主堡中還有很多富麗堂皇的臥室與大廳。宴會大廳的面積極大，足有800多平方公尺。每當夜幕降臨，四周都歸入黑暗之神的懷抱時，奢華的水晶吊燈卻能將寬闊的大廳照耀得燈火通明。數百年來，北歐名流、紳士名媛都以能被邀請來這裡參加聚會為榮耀。國王覲見廳內的裝飾也很別緻，陳設著諸先王的畫像。

·古堡 檔案·

- **國家**：丹麥
- **始建年代**：16世紀
- **英文名稱**：Frederiksborg Castle
- **相關人物**：腓特烈二世、克里斯蒂安四世

☙（左圖）腓特烈堡

它是一組建築群，座落在湖中的3個小島上，紅磚藍頂，無比華麗。在建成後的數百年間，歷代丹麥國王在這裡加冕。

☙（右圖）腓特烈堡廣場上有一組以羅馬海神尼普頓為主題的雕像噴泉，它是丹麥的標誌性雕塑之一。

國王癡情明證

　　腓特烈堡的名字源於16世紀時的丹麥國王腓特烈二世。相傳腓特烈20歲時無可自拔地愛上了一位平民女子，然而這位姑娘早已心有所屬。年輕國王的心靈被熾熱的愛情之火燒得痛苦異常，只得沉醉於聲色之所，以求得暫時的麻木。墮落荒誕的生活一直持續到他38歲時，為了生下王位繼承人，國王娶了表妹蘇菲。蘇菲比腓特烈小14歲，年輕貌美，性情溫柔。日日相處中，國王與王后墜入了愛河。

　　在腓特烈統治時期，丹麥國內呈現出欣欣向榮的繁榮景象，這也使得國王在處理國事之餘，能夠尋個風光秀麗之處，放鬆心情。1560年的一日，國王來到貴族海洛夫‧特羅勒的城堡莊園，立即就被這裡的自然風光吸引住了。於是他召來特羅勒，賞給他城堡附近的一處莊園，然後將這座城堡送給了自己心愛的王后蘇菲。為了使王后住得開心，國王可是沒少花心思，特地在城堡的左、右翼之間加蓋了一條「王后長廊」連接宮殿和教堂，這樣就可以使蘇菲王后無論在晴天雨天，都可以很輕鬆地去教堂禮拜。此後，蘇菲王后便長年居住在腓特烈堡中，將休閒的時光打發在了美麗的湖光山色之間。

王子年少才俊

　　1577年，蘇菲王后在堡內生下了與腓特烈二世的第一個兒子。

1588年，腓特烈二世去世，11歲的小王子同時繼位為丹麥國王和挪威國王，成為克里斯蒂安四世。由於年幼，母親蘇菲王后代替他攝政。克里斯蒂安四世對這座城堡非常有感情，曾經花費20年時間將它擴建到現在的規模。

在丹麥和挪威的歷史上，克里斯蒂安四世被認為是一位非常有影響力的君主。當他18歲執掌王權時，就在軍事上表現出了勃勃野心。丹麥曾經有過令全歐洲人都畏懼的海盜，漁業也相當發達，客觀上有建立先進海軍的優勢，但克里斯蒂安四世並不滿足於此，他希望能夠建立和鞏固在波羅的海上的霸主地位。在他繼位的那一年，丹麥海軍僅僅擁有22艘艦艇，到他32歲的時候，這個數目就已經擴大到60艘，其中有些船甚至是克里斯蒂安四世親自設計的。美中不足的是，當時的丹麥海軍主要由傭僱軍組成，其中還夾雜著少量熟悉水性的當地農民，而缺少本國的職業軍人。

連年的擴軍、征戰、大興土木的確花費不貲，但克里斯蒂安四世也是一位出了名的會賺錢的國王。他是丹麥第一位倡導重商主義的君主，積極地擴展丹麥的對外貿易，還支持設立了丹麥東印度公司和西印度公司。

◆英雄狹路相爭 ◆

在克里斯蒂安四世執政期間，歐洲爆發了一場影響深遠的戰爭——三十年戰爭，正值盛年的克里斯蒂安四世也參與其中。這場戰爭最初圍繞德國國內的加爾文教徒、路德教徒和天主教徒之間的矛盾進行。各國君主各懷心事，紛紛介入這場戰爭：捷克民眾最先反對神聖羅馬帝國，但遭到失敗；西班牙支持教皇和神聖羅馬帝國；荷蘭因與西班牙的敵對關係而參戰；法國在中世紀一直與神聖羅馬帝國爭霸，最不希望看到德國的復興；英王詹姆士一世垂涎於富裕的丹麥和瑞典；而丹麥和瑞典不得不自衛。從西歐到北歐的廣大土地都陷入大

克里斯蒂安四世對建築有著濃厚的興趣，他曾對腓特烈堡進行了改建，將城堡修建成了一座豪華的文藝復興風格的宮殿。

戰神古斯塔夫二世

古斯塔夫二世是個神話般的人物，幾乎可以與上古的亞歷山大大帝、凱撒大帝等齊名。據說古斯塔夫二世的出生和一生功績在中世紀占星書《諸世紀》中就被預言，也就是說幾百年前，就有預言家看著天上的星星，預言出這個未出世的孩子日後的偉大。古斯塔夫二世精通八國語言，11歲時就能和大臣們商討國事，16歲就領兵出征，17歲繼承王位。登基後野心勃勃，實施一系列的軍事改革，影響了歐洲軍事的發展。古斯塔夫二世不僅具有超常的軍事指揮才能，而且深具冒險性格，最終成就了戰神的威名。

混戰。

1625年5月，克里斯蒂安四世率領2萬大軍進入神聖羅馬帝國境內。最初的幾場戰役還算順利，但是次年8月27日在巴倫山麓盧特戰役大敗後，丹麥軍被迫轉入守勢。1627年夏天，敵軍反攻至丹麥境內。引火燒身的克里斯蒂安四世不得不和長期不和的瑞典君主古斯塔夫二世結盟，再憑藉丹麥自身擁有一支較為強大的海軍，克里斯蒂安四世才能勉強退敵，但是他不得不在1629年5月簽訂合約，保證完全退出這場戰爭。這次參戰，丹麥沒討得什麼好處。

當丹麥退出戰爭後，瑞典在古斯塔夫二世的領導下繼續參戰。1632年11月，德軍與瑞典軍隊大會戰，瑞典軍隊大獲全勝，但古斯塔夫二世陣亡。丹麥國王克里斯蒂安四世旋即向瑞典宣戰。1643年至1645年，兩個鄰國不斷互相征伐，最終瑞典因海陸兩軍的實力都勝過丹麥而獲勝。雖然期間克里斯蒂安四世試圖吸引俄國參戰共同對抗瑞典，但俄國十分遲疑，使得已經回天無力的克里斯蒂安四世不得不接受了法國與荷蘭的調停。在三十年戰爭結束的時候，丹麥已經完全喪失在波羅的海地區的霸權，讓位於新崛起的瑞典。

克里斯蒂安四世為了這場戰爭心力交瘁。因為沒有嫡子繼承王位，他生命中的最後3年就在幾個女婿的爭權奪利中度過。1648年，克里斯蒂安四世在哥本哈根去世。腓特烈堡是他年少成長的地方，在這裡，他是無憂無慮的小王子，聰明活潑，具有天分，眾星捧月。命運將他送上歐洲君主的大舞台，但最終卻遭到了慘敗。

腓特烈堡永遠有著一種童話仙境般的美麗，使人可以忘憂。19世紀中期，國王腓特烈七世接受了君主立憲，餘生他就在這裡釣魚。1995年，約阿希姆王子在這裡迎娶了受人矚目的亞裔王妃文雅麗，王妃隨後被封為腓特烈女伯爵。可是這段童話般的婚姻也沒能天長地久。問一問腓特烈堡吧！它將會告訴你君王的遺憾和皇家不完美的愛情。

塵封的愛情往事
——舍農索城堡

舍農索城堡的歷任主人都是法國歷史上有名的貴婦，如：法國國王亨利二世的王后凱瑟琳和情人黛安娜，亨利三世的王后等，因而得到「淑女城堡」的美譽。這裡曾經發生過許多動人的愛情故事，因此至今仍是法國姑娘們最喜愛的城堡。

浪漫甜蜜的愛情港灣

全長約1010公里的羅亞爾河是法國第一大河，英法百年戰爭期間，法國王室從巴黎遷到羅亞爾河谷地區，在之後的近一個世紀中，這裡成了法國的政治和文化中心。王室和貴族們紛紛在這片風景旖旎的土地上建立城堡，到了15、16世紀，法國政局逐漸穩定，原來作為軍事之用的城堡被主人們改造為舒適、浪漫的花園，成為了王公貴族們享受奢華生活的地方。這裡被人們稱之為「法蘭西庭院」，100多座各式各樣的城堡和花園點綴在羅亞爾河兩岸的森林和葡萄園間，而橫跨羅亞爾河支流——謝爾河——的舍農索城堡無疑是最美麗和最富有傳奇色彩的一座。350多年裡，城堡的6位女主人都是有名的法國貴婦，在這裡留下了許多纏綿悱惻的愛情故事。

❀舍農索城堡

城堡的浪漫主義情調體現了黛安娜和凱瑟琳高雅細膩的藝術品味。如今在法國，除凡爾賽宮外，它是接待遊客最多的城堡。

舍農索城堡始建於1513年，其前身是一座方形城堡，由於原來的主人債台高築，於是將這座城堡以及周圍的土地賣給了當時的法國財政大臣湯瑪斯·波黑爾。波黑爾拆除了原來的城堡，建起了一

座全新的花園式城堡，作為禮物送給妻子凱瑟琳‧布理高勒，並由她來監督整個修建工程，因此舍農索城堡從建造時起便帶有濃厚的女性氣息。1521年，這座耗資巨大的奢華建築終於建造完成。凱瑟琳‧布理高勒的父親和丈夫都是法國的高級財政官員，在她的影響下，舍農索城堡被列為國家資助管理項目，即城堡的許多建造、維護費用均由國家來承擔。在波黑爾夫婦去世後，他們的兒子繼承了舍農索城堡，很快便遭到法國財政檢察官的審計，要求他退還巨額的貪汙款。他不得已，只能將舍農索城堡「贈送」給國王弗朗索瓦一世。

後來，弗朗索瓦一世的繼任者亨利二世將舍農索城堡送給他的情婦黛安娜‧德‧普瓦蒂埃爾。黛安娜比亨利二世大20歲，是法國歷史上著名的美人，據說她60歲的時候依然有著30歲女人的風姿，當時無數的藝術家創作的繪畫、雕塑都是以她的身體作為藍本。亨利二世對她始終迷戀不已，賜給了她許多頭銜和豐厚的財產。亨利二世也許認為，只有精緻秀麗的舍農索城堡才是最適合這位美麗女性居住的地方，而這位新的女主人也為舍農索城堡增添了一道新的美景。

一座城堡每年的維護費用是一個龐大的數字，對於許多不善理財的貴族而言，甚至是一項沉重的負擔。而舍農索城堡在黛安娜的經營和管理下，不僅日臻完美，還能夠為主人營利。黛安娜用城堡周圍土地上的農作物及釀造的葡萄酒帶來的

這是一幅法國文藝復興之初最具才華的藝術家弗朗索瓦‧克魯埃於1517年創作的油畫，名為《沐浴的女人》。畫中的裸體女性即為亨利二世的情婦黛安娜。

收入重新裝飾了舍農索城堡的內部，並增建了橫跨謝爾河的優雅廊橋以及城堡左側的黛安娜花園。這座規模龐大的花園是典型的法式風格，園中百花爭艷、樹木扶疏，義大利式的噴泉將謝爾河化為點點水晶，整齊的樹牆將花園分割成各種幾何圖形，栽種著各種樹木花卉，整座花園處處流淌著主人的濃情蜜意，舍農索城堡因此被稱為「愛之城堡」。

女主人們的喜怒哀樂

亨利二世對黛安娜的寵愛使王后凱瑟琳遭到了冷落，據說妒火中燒的凱瑟琳甚至請來義大利巫師對二人施以詛咒。不知是否是詛咒生效，在

◆ ·古堡 檔案·
◆ |國家|：法國
◆ |始建年代|：1513年
◆ |英文名稱|：Chenonceau Castle
◆ |相關人物|：黛安娜、凱瑟琳

黛安娜擁有舍農索城堡的第12年，40歲的亨利二世竟然在一次與自己護衛隊長的比武中意外身亡，王后凱瑟琳成為法國實際上的最高統治者。她立即命令黛安娜搬出舍農索城堡，遷往索蒙城堡，7年後，絕代佳人在那裡香消玉殞。

凱瑟琳王后得到舍農索城堡後，在城堡二層修建了以紅色為主調的奢華臥室，而臥室下方正是黛安娜藍色的優雅臥房。在城堡右側，凱瑟琳建造了更為奢華的凱瑟琳花園和一系列附屬建築，增加岩洞、作坊和噴泉。她還改建了謝爾河的廊橋，在其上增建了兩層明亮的佛羅倫斯風格的長廊，使廊橋與城堡融為一體，舍農索城堡成了真正的水上城堡。

凱瑟琳王后這一切舉動也許是出於她壓制黛安娜的潛意識，一方面她在竭力抹殺黛安娜留在舍農索城堡中的印跡；另一方面她又在保留黛安娜建造的部分，並力圖超越這些建築。她的行為為舍農索城堡增色不少，但卻未能消除黛安娜留在人們心中的記憶。在城堡的徽記中，不知是出於有心還是無意，代表亨利二世的字母「H」和代表凱瑟琳王后的字母「C」纏繞交織，竟然隱隱形成了代表黛安娜名字的「D」！

凱瑟琳王后聰明狠毒，野心勃勃，她重新配置了舍農索城堡周圍的牧場、農田、磨坊和森林等領地，擴大了養蠶場，並在當地繅絲。這些蠶絲在奧爾良被織成著名的「王后面料」，大大增加了城堡的收入。舍農索城堡在凱瑟琳王后的統治下達到了奢華的巔峰，頻繁舉行的大規模宴會慶典將城堡的藝術氛圍推到了最高境界。與此同時，就在舍農索城堡裡，凱瑟琳王后先後攝政輔佐自己的3個國王兒子（弗朗索瓦二世、查爾斯四世和亨利三世）長達30年，使這裡成了政治與陰謀、權力與野心匯聚的場所。

城堡的第四任主人是凱瑟琳的兒媳，亨利三世的王后路易絲。亨利三世被修士雅克‧克列孟刺殺後，悲傷的路易絲王后隱居舍農索城堡。她用黑色絲絨覆蓋包裹了這座奢華的愛情城堡中的一切，終身為丈夫守孝。從此之後，她只穿著法國王室的白色喪服，因此被人們稱為「白衣夫人」。路易絲王后在舍農索城堡度過了11年孤獨的生活，這些年中，她每天只重複三件事情：禱告、刺繡和閱讀。

亨利二世（1519～1559）幼時像

他是法王弗朗索瓦一世的次子，7歲時便與兄長一起被送往西班牙當人質。

爾、豐特奈爾和德‧聖皮埃爾等大師和泰斗級人物都曾是這裡的座上嘉賓，而著名的哲學家讓‧雅克‧盧梭也在這裡陷入了令他怦然心動的愛情漩渦。1747年，盧梭受聘成為杜賓夫人的祕書兼兒子的家庭教師。一見到杜賓夫人，盧梭立即臣服在她的卓越風姿之下，深深地愛上了這位女主人。在這裡，盧梭完成了他的名著《愛彌兒》，但他的愛慕並沒有被杜賓夫人接受，這個柔情似水的地方成了盧梭的傷心地。

杜賓夫人好客的性格使她在法國大革命期間躲過一劫，因為舍農索城堡曾經的座上賓在大革命時大多成為了革命領袖人物，他們不會與杜賓夫人為難，而舍農索城堡也因此而免遭磨難。

城堡的最後一位女主人是普魯茲夫人，她於1864年買下舍農索城堡，並在這裡傾注了全部的精力和財力。城堡得以保存至今，普魯茲夫人居功至偉。自1913年起，法國的一個名門望族梅尼爾家族擁有了這座飄浮在空氣與水上的古堡。第一次世界大戰中，舍農索城堡的廊橋部分曾作為救助傷員的戰地醫院；第二次世界大戰中，城堡的北門是納粹佔領區，而在謝爾河另一端的廊橋南門則是自由區，無數人通過這裡擺脫了納粹的恐怖統治，城堡成為了通向自由的「綠色通道」。

如今，許多年輕人都喜歡在這個充滿浪漫和柔情的城堡中舉行婚禮，數百年的愛情傳說在謝爾河上的古堡中迴盪、凝聚，最終成為銘刻在舍農索城堡中的一句話：「如果他回來，他會想起我的。」

如今，舍農索城堡是全法最大的一座私人產權城堡，屬於梅尼爾家族。這個家族還專門成立了一個公司，以對舍農索城堡進行日常維護和經營管理。

通向自由的綠色通道

18世紀，舍農索城堡迎來了第五位女主人——路易絲‧杜賓。美麗溫柔的杜賓夫人樂於結交文人學者，城堡在她的手中簡直成了一個大型的文化沙龍，伏爾泰、孟德斯鳩、狄德羅、達朗貝

莫臥兒王朝的憂傷

——拉合爾古堡

「**我**要用我的一生來購買拉合爾。把我的一生獻給拉合爾，就等於我又擁有了一座天堂。」馬姆塔茲·奴爾·賈汗皇后的話為這座古堡增添了一絲淡淡的惆悵。拉合爾古堡，一座哀傷的城堡，一座永遠在等待著它的女主人的城堡。

阿克巴大帝的遺憾

拉合爾是巴基斯坦第二大城市，座落在巴基斯坦東北部的拉維河畔。這裡雨量充沛，物產豐饒，整座城市樹木蔥蘢，猶如一座巨大的花園。拉合爾的歷史可以追溯到1世紀末至2世紀初，在2000多年以前，這裡是絲綢之路南亞至中亞段的重鎮之一，高僧玄奘的遊記《大唐西域記》中，也有關於這座美麗城市的記載。

1526年，帶有蒙古和波斯血統的莫臥兒人建立了印度地區歷史上最輝煌的帝國——莫臥兒王朝，這個偉大王朝的第三代帝王阿克巴將都城遷至拉合爾，這座古城迎來了它生命中最為壯麗的時代。1566年，阿克巴將拉合爾城中一座迦茲納維王朝時期的泥土築成的堡壘拆除，在原址上修建了一座磚石結構的長方形堡壘，這座堡壘長380公尺、寬330公尺，周圍環繞著一道由巨大的紅砂岩築成的圍牆，這便是如今的拉合爾古堡的最初模樣。此後，歷代莫臥兒皇帝在這座城堡內擴建增修了許多花園、噴泉和宮殿，使這座原本用於防禦的要塞成為了一座集莫臥兒王朝藝術之大成的奢華宮殿。

阿克巴大帝用殘忍的手段征服了大部分南亞次大陸，在他的時代，莫臥兒人才真正在這塊土地上站穩腳跟，並造就了一個強大的帝國。放下沾滿鮮血的武器，阿克巴大帝變成了一個寬厚而仁慈的帝王，在他的國土上，允許各種宗教自由傳播。阿克巴大帝眾妻子中有印度教徒、基督教徒、伊斯蘭教徒和佛教徒，他以此來表示在自己的帝國裡，所有宗教都能

·古堡　檔案·

◆|國家|：巴基斯坦
◆|始建年代|：1566年
◆|英文名稱|：Lahore Fort
◆|相關人物|：沙·賈汗、泰姬

夠受到公正對待。他曾在前額印上印度教的符號出現在公共場所中，也曾穿著祆教中象徵神聖的內衣與腰帶，還接受過耆那教賢者的建議，不再打獵，並頒布法令，禁止在某些日子裡屠宰牲畜。在葡萄牙人佔領了印度東部的果阿城並在那裡建立基督教堂時，他甚至邀請了兩位基督教學者來到宮裡，為他講解教義，並命宮廷學者翻譯《新約》。

在阿克巴的時代，宗教屠殺在世界上是司空見慣的，因此阿克巴大帝對所有宗教兼收並蓄的態度更顯難能可貴。

他的理想在表面上獲得了成功，但人的思想是世間萬物中最難調和的，在這位偉大的帝王去世的時候，竟然沒有一個宗教為他祈禱，只有很少的人參加了他簡單的葬禮。他的兒子們只為他服了一天喪，便開始為王位而相互爭吵。這位偉大帝王為協調宗教紛爭而付出的所有努力都隨著他的死而被人們遺忘。

據說泰姬是一位有著波斯血統的絕世美人，性情溫柔。她逝世後，沙‧賈汗悲痛欲絕，下令宮廷在兩年內禁止一切娛樂活動。

·泰姬‧瑪哈的寢宮

阿克巴大帝的孫子沙‧賈汗是莫臥兒王朝中另一位著名的國王。他與妻子泰姬‧瑪哈的動人愛情故事使他的名聲超越了他雄才大略的祖父，直到今天依然被人口耳相傳。

1612年，當時還被人們稱為庫拉穆王子的沙‧賈汗在集市上邂逅了一位賣糖果的美麗女郎姬曼‧芭奴，這位女郎的容貌如花般嬌艷，使庫拉穆王子驚為天人，很快他們便結為連理。在盛大的婚禮上，庫拉穆王子的父親賜給他的兒媳「蒙泰姬‧瑪哈」的稱號，意思是「宮中的明珠」。

泰姬不僅美貌如花，還十分聰慧，在老皇帝去世以後，她幫助丈夫在皇位爭奪戰中勝出，從此庫拉穆王子成為了莫臥兒王朝的第五代帝王，自稱沙‧賈汗，即「世界之王」。

婚後19年中，泰姬‧瑪哈為沙‧賈汗生下了8位王子和6位公主，還常常幫助丈夫處理國家大事，甚至陪伴丈夫出征。沙‧賈汗對這位賢內助也是寵愛有加，無論泰姬提出什麼要求，他都想

＊泰姬陵

泰姬陵繼承了伊斯蘭建築左右對稱、整體諧調的傳統，也是莫臥兒王朝時期最具代表性的建築之一，被稱為「人間建築的奇蹟」。整座陵墓建在一座正方形的白色大理石基座上，基座四角建有四座高約40公尺的白色大理石塔樓，與基座中央部位的主體陵宮彼此呼應。這種肅穆而又明朗的形象造就了泰姬陵的美麗。

這座純白色的陵墓在一日之中會隨著晨曦、正午和晚霞時陽光強弱的不同而變幻不同的顏色。早上朝陽初升，泰姬陵被抹上一抹紅暈，似羞紅少女朦朧而清新；到了正午，印度上空燦爛的陽光將泰姬陵照射得通體發白，似堅貞而坦蕩的情人；隨著陽光一點點偏西，泰姬陵又逐漸由黃色變為紅色，再變成淡淡的紫色、藍色，直到被夜色收留和掩藏。

方設法去滿足她的願望。傳說一天夜裡，沙‧賈汗和泰姬在拉合爾古堡的城牆邊散步，泰姬望著星光璀璨的夜空，感嘆地說：「若我躺在寢宮的床上，也能夠看到這迷人的夜空，該是一件多麼美妙的事啊！」說者無心，聽者有意，沙‧賈汗立即下令調集全國的能工巧匠，為妻子在拉合爾古堡內建造一間新的寢宮。

1631年，一座被後人命名為「鏡宮」的豪華寢宮落成了。這座寢宮使用灰色大理石建造，內牆鋪滿白色軟玉，在拱形的穹頂之上，鑲嵌著大約90萬塊各種顏色的玻璃和金銀線條，之間點綴著各色寶石和琉璃，在夜晚的燭火映照之下，穹頂上群星閃爍，變化萬千，彷彿置身於浩瀚銀河之中。

可惜的是，這座華麗的寢宮並未迎來它的女主人。早在一年之前，泰姬便由於產褥熱死在了陪伴丈夫南征的途中，年僅36歲。據說在彌留之際，泰姬向悲痛的丈夫提出了三個願望：一是要他善待自己的子女；二是不要另娶王后；三是為自己修建一座最美麗的陵墓。

據說痛失愛妻的沙‧賈汗竟然一夜白頭，多日不食不休。1633年，他徵召了數萬工人，並從世界各地聘請頂級的建築師和工匠，動工修建亡妻的陵墓——泰姬陵。這座陵墓通體使用印度西北部所產的純白大理石建造，內部使用各種寶石鑲嵌出繁複華麗的圖案，整座陵寢耗資4000萬盧比，相當於現在的2.3億美元，用了22年方才建成。已有太多描述這座陵墓的文字，但都只是用各種華麗的辭藻來形容它的壯麗與奢華，而忘記了它的建造者心中的無比哀痛，只有在印度文豪泰戈爾的詩中，方能窺見一點帝王當年的淚痕：「沙‧賈汗，你知道，生命和青春，財富和榮耀，都會隨光陰流逝……只有這一顆淚珠，泰姬陵，在歲月長河的流淌裡，光彩奪目，永遠，永遠。」

傳說沙‧賈汗還計畫在泰姬陵前的亞穆納河對岸為自己修建一座純黑色大理石的陵墓，並用一座黑白兩色的大理石橋將兩座陵墓連接起來。可惜他的願望並沒有實現，1657年，年邁的沙‧賈汗憂鬱成疾，他的兒子們趁機互相征伐，爭奪王位。第二年，沙‧賈汗的兒子奧朗則布殺死了三個手足兄弟，踩著他們的

頭顱登上了王位。新的皇帝將父親囚禁在阿格拉城堡之中，甚至殘忍地將他關在一間無法看到泰姬陵的房間中。沙·賈汗只能在每晚月亮升起並照在泰姬陵上的短短幾個小時裡，利用一塊大水晶折射月光，遙望著遠在數千公尺之外的妻子長眠之地。

　　奧朗則布不僅在心理上折磨他的生父，還常常故意不給沙·賈汗提供足夠的飲食。據說有一年夏天，沙·賈汗酷熱難當，卻沒有足夠的水解渴，傷心的老人給自己的皇帝兒子寫了一首詩：「印度教徒應永受讚揚，彼等對死者常奉獻水湯。吾子真乃一奇異穆斯林，你使我生時為水而悲傷。」哀傷的詩句並沒有打動奧朗則布冷酷的心，看到詩後，他竟然命人給父親送去一瓶墨水讓他解渴。

　　8年之後，沙·賈汗在古堡中離開了人世。臨終前，衰弱的他已經無法起身遙望妻子的陵墓，更不知道自己的遺體將會是什麼下場。他請求僕人在床對面的牆壁上掛上一面鏡子，從鏡

世界風華館系列

🏛最初的拉合爾古堡是一座泥築的堡壘，經過莫臥兒王朝數代皇帝擴建後，古堡失去了原來的軍事功能，而成為一座壯麗的皇家宮苑。

子裡向妻子致以最後的思念。在嚥下最後一口氣之前，他竭盡全力支撐起自己的身軀，將頭朝向了泰姬陵的方向。也許是良心發現，奧朗則布最終滿足了父親的臨終願望，將他與泰姬合葬。如今，泰姬陵中並列著的一大一小兩座石棺，就是泰姬與沙·賈汗的長眠之所。

巴伐利亞的風流韻事
——寧芬堡宮

寧芬堡宮位於德國巴伐利亞自由州首府慕尼黑西北郊。在歷史上的很長一段時間裡，巴伐利亞一直是個獨立的諸侯國，寧芬堡宮則是歷代巴伐利亞大公的避暑行宮。這裡曾為茜茜公主的家族所有，又是「童話國王」路德維希二世降生之地，僅這兩點就足以讓人們對寧芬堡宮浮想聯翩了。更何況，這裡還有一條著名的懸掛著36位美女畫像的畫廊。

選帝侯和他的行宮

　　16世紀時，法國財政大臣富凱由於所建造的城堡過於壯麗，而引起了法王路易十三的嫉妒，結果被囚入監，為他修建城堡的著名建築師勒沃則奉命為路易十三建造了凡爾賽宮。其實，在富凱的城堡還是一片空地的時候，勒沃就已經在慕尼黑將巴洛克式的富麗堂皇發揮到了極致。寧芬堡宮莊重典雅、氣勢宏偉，前排建築長達600公尺，甚至超越了凡爾賽宮的長度。但它並沒有給它的主人帶來災難。它的主人的地位絕對不是富凱之流能夠比肩的，這裡的所有者是德意志帝國七大選帝侯之一的巴伐利亞大公。

　　德意志神聖羅馬帝國時期，德國皇帝並非世襲，而是由國內的7個獨霸一方的諸侯共同選舉出來的，這7位諸侯就是選帝侯。這是在1356年德國皇帝查理四世制定的「金璽詔書」中規定的。在基督教中，「7」這個數字具有神聖的意義，7位選帝侯中有3位是代表教會的大主教，4位則是代表皇權的德國最有勢力的大公爵。

　　維特爾斯巴赫家族，也就是著名的茜茜公主的家族，自從1180年就擁有了巴伐利亞作為封地，直到1918年，巴伐利亞一直在這個家族的統治之下。作為這片土地的中心，慕尼黑被維特爾斯巴赫家族細心營造了700年。

　　1664年，選帝侯斐迪南·馬里亞親王為他

·古堡 檔案·

◆ |國家|：德國
◆ |始建年代|：1664年
◆ |英文名稱|：Nymphenburg Castle
◆ |相關人物|：路德維希一世、羅拉·蒙黛姿

🏛 寧芬堡宮

這座巴洛克式宮廷莊園建築由一幢幢方形樓房連結而成，主樓宏偉，兩翼對稱和諧，正面長達600公尺，整體坐西朝東。

的妻子亨麗埃塔·阿德萊德公主建造了寧芬堡宮做為鄉間別墅。在這以後，巴伐利亞的歷代統治者都對這座宮殿進行了擴建，這個工程整整持續了200年。

路德維希一世和他的美女畫廊

19世紀初，拿破崙佔領了德意志幾乎2/3的土地，德意志神聖羅馬帝國滅亡了。由此，在1806年，巴伐利亞正式成為了一個獨立的王國。它的歷代國王們均熱衷於大修特修城堡和宮殿，其中以路德維希一世和路德維希二世最為狂熱。在他們統治巴伐利亞的時代，慕尼黑周邊風景最美麗的地方幾乎都建成了，或者正在建設一座城堡，也是他們將寧芬堡宮進行了大規模的擴建。在這樣兩位愛好古典藝術的國王的手中，慕尼黑成為了繼羅馬和巴黎之後歐洲的又一文化藝術中心，一個令人陶醉的宮殿博物館，而寧芬堡宮則成為了這些宮殿中最大的一座。

在寧芬堡宮的南端，路德維希一世建造了一個著名的大廳——美女畫廊。這個大廳中保存著路德維希一世時代的36位最美麗的女子的肖像。路德維希一世一生風流倜儻，被人們稱為最愛美女的國王。

據說這36位美女的身分各不相同，有高貴的公主，也有裁縫的女兒，她們唯一的共同點就是驚人的美貌。如今人們已經無法全部瞭解這36位美女的身世和經歷，她們並不都是路德維希一世的情人，路德維希一世只是出於對美的單純而癡迷的欣賞，而將她們絕美的容顏永傳後

＊慕尼黑啤酒節

世。天生麗質終將隨年華消逝，當年的麗人如今已是一杯黃土，但她們最嬌艷的青春則永存於畫布之上，為後人所感慨憑弔。

羅拉‧蒙黛姿

36位畫廊美女中，有一位最使人津津樂道。這位妖嬈的美女名叫羅拉‧蒙黛姿，曾在一段時間內完全佔據了路德維希一世的心，使老國王在62歲高齡的時候還演繹了一齣「不愛江山愛美人」的傳奇。在那個時代的西方女性中，這個女人的名聲僅次於英國的維多利亞女王，她一生多次結婚，艷名遍傳歐陸。在當時，俄國沙皇、著名鋼琴家李斯特等許多名人都曾是她的入幕之賓。

據說1846年羅拉‧蒙黛姿從俄國歸來後，曾在慕尼黑一家劇院中演出。也就是在這段時間內，這個女人的一生發生了傳奇般的轉變，她成為了路德維希一世公開的情婦。國王究竟是如何結識這位平民女子，又是如何被她深深吸引的，人們已經無法從歷史中尋得真相，但從此以後，國王對羅拉‧蒙黛姿寵愛異常，使她的影響力甚至達到政治層面，在這個時期，路德維希一世所採取的政策中不少都有她的影子。

路德維希一世的王后去世後，國王曾有讓這位嬌艷的舞女做王后的願望。但巴伐利亞的國民們堅決不肯讓這樣一個名聲不好的舞女成為他們的王后。此時的路德維希一世已經60多歲了，老人特有的那種固執在這個老國王身上更加明顯。1846年，他不顧人民的反對，準備正式將羅拉‧蒙黛姿封為王后，結果造成了巴伐利亞歷史上最激烈的大遊行，老國王不得不將王位讓給他的長子馬克西米利安二世。

羅拉‧蒙黛姿雖然沒能獲得王后的稱號，但在陪伴路德維希一世的兩年中，她已經賺得盆滿缽滿，國王賜給她大量金錢和地產，以至於巴伐利亞的國庫都因此而入不敷出。此外還授予她伯爵封號，羅拉‧蒙黛姿由此正式成為上流社會的一員了。

驚人的美貌給了羅拉‧蒙黛姿高傲的性格，她一

1810年10月12日，整個慕尼黑城的市民們都應邀參加了當時身為王儲的路德維希一世與薩克森王國的特蕾澤‧夏洛特‧戴麗絲公主的婚禮。在為期兩天的慶典中，所有的美食和美酒都免費供應，還舉行了賽馬和射擊比賽。這次盛典給慕尼黑的人們留下了深刻的印象，第二年，大家紛紛建議再舉行一次同樣的活動，之後便成了慣例，每年舉辦一次。世界上最盛大的節日之一——慕尼黑啤酒節就此誕生了。

在德國，這個傳統的民間節日被稱為「十月節」，不過因為啤酒是節日期間消耗量最大的飲料，因此中國人稱它為慕尼黑啤酒節。慕尼黑啤酒節從每年9月的最後一個星期開始，一直持續到10月的第一個星期的星期日結束。如今，每次啤酒節都有數以百萬計的遊客從世界各地慕名而來，他們喝掉的啤酒也得以百萬升來計算。

直習慣看到人們為她的美貌而傾倒，習慣看到富商貴族紛紛拜倒在她的石榴裙下。在羅拉‧蒙黛姿還是一個舞女的時候，這種性格便已表現得很明顯。曾經深愛著她的鋼琴家李斯特就是因為無法忍受這種性格，屢次與她產生衝突，最後竟然趁她熟睡的時候悄悄離去。李斯特知道高傲的羅拉‧蒙黛姿無法相信竟然真的有人會捨得拋棄她，醒來後一定會拿房間中的陳設和家具出氣，在他離開的時候，甚至連賠償費都預先付給了他們下榻的飯店。

後來，也正是傲慢無禮的性格，使羅拉‧蒙黛姿斷送了自己在歐洲上流社會的前程。1850年，那個時代最偉大的演員查爾斯‧約翰‧基恩在倫敦演出莎士比亞名劇《馬克白》。倫敦貴族們紛紛捧場，甚至連維多利亞女王都準備前往觀看。依據當時的習慣，所有的人都應當在女王到達劇場之前就座，並在女王進入王室包廂之後起立鼓掌致敬。誰知就在掌聲散去，人們紛紛就座準備欣賞名劇時，羅拉‧蒙黛姿竟然在眾目睽睽之下飄然而至，進入王室包廂對面的包廂中，旁若無人地脫下她的貂皮大衣，若無其事地坐了下來。

這時的羅拉‧蒙黛姿是愚蠢的，她竟用這種拙劣的方式滿足自己驕傲的虛榮心。從此之後，所有英國貴族們對羅拉‧蒙黛姿徹底無視，這個曼妙的美人兒在倫敦變成了空氣一般的透明體，而且這種現象還有向歐洲其他國家擴大的趨勢。羅拉‧蒙黛姿也發現遼闊的歐洲大陸竟然沒有了她的立足之地，第二年，她不得不離開歐洲，前往新大陸尋找新生活。1851年，羅拉‧蒙黛姿來到了美國，拍攝了一部名為《羅拉‧蒙黛姿在巴伐利亞》的電影，在劇中扮演自己。

冬日裡的寧芬堡宮寧靜無比，屋頂與小路都被白雪覆蓋，湖上的天鵝與野鴨等或游弋或飛翔，彷彿將人們帶回了浪漫的18世紀。

1861年1月17日，這個毀譽參半的女子走完了她的一生。遠離家鄉愛爾蘭，遠離舊大陸的繁華，一代佳人悄然凋謝，從此，地位、名譽與她再無相干，她終於無須再在人前偽裝自己，無須再用可笑的舉動維護自己可憐的自尊。不知她是否知道，在遙遠的寧芬堡宮中，一個老人依然在凝視著她嬌艷的面龐，回味著她滿是柔情的舞步。

瘋王路德維希的夢幻城堡

——新天鵝堡

古堡是德國的象徵，建於1869年的新天鵝堡無疑是最具有傳奇色彩的。這座充滿夢幻的古堡見證了其建造者——路德維希二世國王——的夢想、愛情以及坎坷命運。然而在古堡即將建成完工時，路德維希二世卻被迫退位，又莫名其妙地死去了。130多年過去了，這個謎團還未能被解開。

路德維希的悲情

　　綽號為「瘋王路德維希」的路德維希二世是巴伐利亞維特爾斯巴赫王朝的國王。1845年8月25日，他出生於德國慕尼黑近郊的寧芬堡宮。小王子童年時最快樂的時光是在父親的舊天鵝堡中度過的，他喜歡和好朋友一起朗誦詩歌，扮演華格納歌劇中的角色。路德維希二世的父親馬克西米利安二世並沒有花大力氣培養他成為一位好君主，倒是舊天鵝堡中的無數皇家藝術珍品在小王子心中埋下了藝術的種子。

　　1858年，路德維希二世剛剛13歲，他的女家庭教師給他講述了著名劇作家華格納的歌劇《羅恩格林》，劇中天鵝騎士羅恩格林的故事深深打動了他。他夢想成為天鵝騎士，並且常將自己裝扮成天鵝騎士的樣子。從此，華格納成了路德維希二世心目中永遠的偶像。同時，路德維希二世還找到了另一個理想寄託之地——美麗的巴伐利亞阿爾卑斯山脈。這裡的夢幻景色讓路德維希二世流連忘返，他在這裡散步、騎馬，大自然的和諧和強烈的歸屬感使他忘記了自己的身分。在英雄騎士傳說和浪漫的大自然的熏陶下，路德維希二世產生了建造一座完全屬於自己的城堡的想法。

　　1864年，路德維希二世繼承王位。繼位後的最初幾年，他的統治面臨一系列悲劇和失望。一方面，1866年奧地利和普魯士之間爆發了「普奧七星期戰爭」，由於巴伐利亞和奧地利是親密戰友，巴伐利亞必須參戰。在薩多瓦

· 古堡　檔案 ·

◆ 國家：德國
◆ 始建年代：1869年
◆ 英文名稱：Neuschwanstein Castle
◆ 相關人物：路德維希二世

👑（左圖）新天鵝堡

這是一座藍頂白牆的童話城堡，阿爾卑斯山綠繞的山霧與幽靜的景色將城堡襯托得飄飄渺渺，恍若這裡是一處幻境。

👑（右圖）路德維希二世的騎士追求與坎坷人生為新天鵝堡增添了幾分浪漫而又悲情的氣氛。

會戰中，奧地利軍隊大敗，巴伐利亞喪失了部分領土，這使路德維希二世很受打擊，本來就不堅強的從政意識更加脆弱。另一方面，婚姻問題也困擾著路德維希二世。他年輕而英俊，深受巴伐利亞人民愛戴，但感情之路卻異常曲折。宮廷和民眾都迫切希望王室盡快有繼承人，可是國王最終終身未娶。他一直暗戀著從小就青梅竹馬的茜茜公主，但卻與茜茜公主的妹妹索菲公主訂婚了。婚期被一再推遲，最後終於定在1867年10月12日。不過他們的感情很快就出現了裂痕，在即將舉行婚禮的前兩天，索菲突然宣佈分手。婚事解除，如釋重負，路德維希二世奔向他最愛的阿爾卑斯山，繼續生活在他的夢境中。

　　經歷著軍事失利、感情失敗的路德維希二世卻辦了一件大事：利用手中的權力把自己傾慕的華格納請到了宮廷中，把郊外的別墅提供給華格納使用，並替華格納還清了所有債務，還支付他的所有開銷。集權力與金錢於一身的國家最高統治者成了華格納的庇護者，路德維希二世讓華格納「在美妙而純淨的藝術天空中盡情舒展自己天才的翅膀」。不久，華格納的傲慢自大讓巴伐利亞輿論感到厭煩了，同時人們也擔心華格納會左右國王的政治立場，因此華格納被迫離開巴伐利亞前往瑞士。

舊天鵝堡位於阿爾卑斯湖和天鵝湖之間的山峰上，與新天鵝堡遙遙相望。它由12世紀的一座古堡改建而成，建造者是路德維希二世的父親馬克西米利安二世，路德維希二世在這裡度過了美好的童年時光。這座新歌德式的鮮黃色城堡非常具有中古世紀神話的味道，在外觀上雖然沒有新天鵝堡那樣夢幻迷人，但更具生活感，城堡中的房間面積非常適合居住，利用率很高。路德維希二世即位後曾邀請華格納來舊天鵝堡中同住。現在城堡中還收藏有兩人彈過的大鋼琴和他們的往來書信。

城堡中的童話

在與華格納交遊的同時，路德維希二世也正在美麗的阿爾卑斯山麓加緊修建新天鵝堡。1869年9月5日，新天鵝堡主體奠基。它建在阿爾卑斯山頂上的一個大平台上，所有的建築材料都來自外地，靠著人力與設備搬運到高高的山上。

在城堡建造期間，路德維希二世心急如焚，希望能盡快完工，他常常用望遠鏡監督工程的進展。路德維希二世的天鵝騎士夢想使他對擁有新天鵝堡充滿嚮往，於是邀請劇院畫家和舞台佈置者繪製了城堡的建築草圖，以構築一個點綴著天鵝圖案的童話世界。事實也確實如此，建成後的古堡被環抱在阿爾卑斯山的湖光山色之中，從外到內都是童話般的世界。錯落有致的尖塔如同一隻展翅欲飛的天鵝，周圍白雲繚繞，如夢如幻，宛如仙境。

在路德維希二世心目中，天鵝象徵純潔，因此天鵝成了城堡內最常見的裝飾主題，從日常用品、幃帳到壁畫等，到處都裝飾著天鵝，連盥洗室的水龍頭也不例外。新天鵝堡是精緻的，僅僅是那張後歌德式的木雕床，就是由14位木匠花了4年時間才雕刻完工。牆上掛滿了精美的繪畫，每一幅都是色彩華麗，筆法精妙。城堡中最輝煌的是帝王大廳，巨大天花板上繪出的藍天、星辰象徵著浩瀚無邊的宇宙，地板上各色馬賽克鋪成的動植物象徵著博大富饒的大地。大廳中高懸著巨大的皇冠狀燭台，每當夜幕來臨時，燭台上象徵至高無上皇權的96根蠟燭燃起，將帝王大廳照得亮如白晝。這就是新天鵝堡，童話世界中的皇權至尊之地！

未完成的城堡

為了修築這座古堡，路德維希二世耗費了驚人的人力、物力、財力，從1869年到1886年，前後共耗時17年。城堡的精妙設計不僅耗盡了路德維希二世的私人財富，還侵吞了大量的國家預算，他為此欠下了1400萬馬克的債務。

城堡還沒有完工，國王就被迫離開了王位。1886年1月，路德維希二世的大臣和親友藉故對他進行了一次草率的精神測試，結果診斷他患

有精神病。大臣們認為路德維希二世不適合再管理國家，於是國王被迫離開了王宮。1886年6月10日，路特波德親王被任命為新的執政者，開始管理巴伐利亞的政事。後世的很多歷史學家認為，路德維希二世根本沒有精神問題，從精神測試到被迫下台都是反對者的一個陰謀，國王造成的巨大財務虧空，可能是反對者藉故把他趕下王位的誘因。

1886年6月11日，住在新天鵝堡的路德維希二世試圖向公眾表明：「路特波德親王在違背我意願的情況下擅自攝政，他是要篡權。我的大臣們聽信關於我健康狀況的虛假報告，並準備對我所熱愛的人民施行暴政。我需要每個忠誠的巴伐利亞人的幫助……」這份聲明刊登在一份報紙上，但警覺的政府截獲了報紙，並禁止其發行。路德維希二世給其他報紙和朋友發的電報也大都被截獲了。據說，路德維希二世還收到了俾斯麥的一份建議。俾斯麥建議路德維希二世回慕尼黑並在公眾面前露面，但被他拒絕了，拒絕的原因不得而知。

1886年6月12日清晨，路德維希二世突然被轉送到慕尼黑南郊貝爾格的一座城堡中。6月13日晚上，路德維希二世和他的醫生去施塔恩貝格湖邊散步，然而兩個人再也沒有回來。當人們發現路德維希二世的時候，他已經死了，在他淹死的地方只有幾個帶水的腳印。路德維希二世的死因成了一個永遠的謎團。官方說他是自殺的，但屍體被發現的地方只有齊腰深的水，驗屍報告顯示他的肺中沒有進水。因此許多人懷疑路德維希二世是被人謀殺的。

路德維希二世夢想的童話城堡尚未完工，他卻永遠離開了。在這座傾注其一生心血的城堡中，他僅僅住了170天。國王死後，城堡的建設就停止了，隨後的建設是後人逐年完成的，因此可以看到城堡有著不同時代的痕跡。如今每年有數以百萬的遊客到此探訪，給巴伐利亞帶來了龐大的觀光收入。

據說這隻新天鵝堡內的瓷質天鵝是在路德維希二世入住新天鵝堡時，茜茜公主命人送來的。

49

走進中世紀

Middle Ages

歐洲城堡的演變

早期的歐洲城堡幾乎都是由地方貴族們修建的，抵禦蠻族只是藉口，割據地方才是他們的主要目的。國王洞悉了他們的野心，用戰爭或是法律的手段，將這些日漸堅固的城堡據為己有。在這之後的幾個世紀中，天主教、文藝復興、科技發展和資本主義的興起都分別對城堡的演變產生了影響。

皇權之城

西羅馬帝國覆滅後，歐洲文明好似曠野中的星火，雖然尚存，但已經十分微弱。中世紀的夜幕緩緩落下，城市在蠻族的劫掠下毀於一旦，人們幾乎要退化到茹毛飲血的時代。經過了幾個世紀秩序的重建，出現了一些較大的土地領主，他們自命為人民的統治者和保護人。為了加強對城鄉的控制，他們有必要建設城堡。但是真正促使他們不斷完善城堡的原動力，還是維京人對歐洲的搶劫和騷擾。

大約9世紀時，北歐的維京海盜開始在歐洲劫掠，在那之前，歐洲基本上沒什麼城堡。維京海盜們受到獨特異教文化的影響，

堅固的石質城牆、林立的箭塔，這座中世紀城堡完全是一座軍事堡壘。

作戰時置生死於度外，異常凶猛，對他們加以抵抗是很危險的。這迫使歐洲人總結長期以來修築防禦工事和建築的經驗，修建了第一批木製城堡，每當海盜來襲，人們就飛快躲到城堡中去。但木製城堡並不堅固，它禁受不起火攻的衝擊，而用石頭建築城堡是人們在稍後的一些年裡才掌握的技術，因為那需要複雜的工藝。

愛爾蘭約翰國王城堡的箭塔。

　　早期的城堡需要建築在高處，以便形成作戰時居高臨下的優勢。如果沒有這樣的地形，人們就用土和石頭築出一個高地。在高地下挖壕溝，再注滿水，這就是護城河。高地上面的區域用木柵欄圍起，柵欄內修一座多層的木樓，人們在樓頂上向來犯的敵人射箭，在樓下儲備武器和糧食，這就是後來「箭塔」的雛形。在掌握了石製建築技術後，城堡的城牆開始用花崗岩建造，這使得它變得堅不可摧。在冷兵器時代，城堡在戰爭攻防上具有絕對優勢，幾乎是不可戰勝的，萬人大軍也難以攻破千人鎮守的城堡。堡內的箭塔也被改建成石製的，設施被不斷完善，居住的優越性也越來越強。

　　巍峨的城堡一經建立，歐洲的政治生活就受到了極大影響，它使得真正的中央集權政府不可能形成，國家名存實亡，地方強人盤踞城堡，擁兵自重。因此在諾曼第的「征服者」威廉統一英倫後，便規定地方貴族未經國王允許，不得擅自建造城堡。從13世紀起，英國所有的城堡幾乎都是由國王興建的，這樣的舉動是為了強化中央集權。從此以後，城堡同王權聯繫起來：它如果不是王宮，就是行宮，或是國王賞賜給某位功勳卓著的爵士居住。有人說，中世紀是城堡的世紀。的確，城堡反映了國王是如何與地方勢力鬥爭，並不斷強化王權的過程。

神權之城

　　另一股影響歐洲城堡演變的力量就是天主教教會。

　　西羅馬帝國覆滅後，義大利本土陷入混亂，教廷在這個時候適時地穩定了人心，最終成為義大利實際的統治者。中世紀的頭幾百年，天主教在歐洲廣泛傳播，成為歐洲的主流信仰，同時也成為了很多國家的國教。每一座國王的宮殿旁都興建了大教堂，國王的登基開始需要由主教加冕，「君權神授」的口號被提出。教堂的興建和裝飾聚集了很多工藝、藝術人才，這些人有時也會將一些教堂建築技巧應用到城堡建築

中。城堡變得不僅越來越舒適，而且越來越風格化。

以英國的城堡為例。最早的英國城堡是諾曼第風格的，因為當時的英王是諾曼第人，而這一地區的人很擅長修建堡壘。諾曼第風格的識別性特徵是牆垛，很像中國的古城牆，而且窗子也比較小，室內的光照不足。倫敦塔城堡比較完整地保持了這種風格，給人以幽暗神祕之感。在其後，高盧地區的歌德建築傳入英國，它的識別性特徵就是尖頂、三角形門頂、玫瑰窗和彩繪玻璃等。歌德風格首先應用於宗教建築中，它首要追求的不是結構上的合理，而是宗教含義。比如：尖頂代表嚮往天堂，玫瑰窗代表基督之血等等。在這樣的城堡中徜徉，很容易受到視覺和精神的雙重震撼。與此同時，一種羅曼式城堡也流行於歐洲，這種城堡大體繼承了希臘－羅馬建築風格，比較追求結構設計上的合理與和諧，柱式的廊簷別具風格，看上去相當古典。靠近義大利地區的城堡或是天主教直轄教區的城堡，多是這種風格的。

除了天主教影響歐洲城堡，令人不可思議的是，伊斯蘭教和很多其他異教也影響了城堡的建築風格。像是十字軍東征雖然失敗了，但騎士們卻借鏡穆斯林建築，想出了改進城堡的好點子。比如：早期城堡中的箭塔是方形的，容易形成防守上的死角，如果改成圓形的，就會更利於全面防守。隨著時間的推移，建造城堡的工匠越來越善於融合東西方文化的精華，猶太人的聖殿、摩爾人的壁畫，甚至中國人的陶瓷都帶給了他們藝術的靈感。

多姿多采的文藝復興

什麼是中世紀？如果把歷史上的一個世紀比作一個鐘頭，那麼午夜零時，耶穌開始在羅馬傳教；三點鐘羅馬帝國分裂了；四點鐘西羅馬帝國覆滅；五點鐘歐洲的人們上床睡覺；六點鐘雞沒有叫；七點鐘太陽忘記升起；八點鐘沒人起床工作；九點鐘人們沒醒……十二點鐘人們沒醒……下午三點鐘，有個叫達文西的人先醒了，但是醒得有點早，他使勁喊了幾聲；三點半，義大利的人們最先被喊醒，接著全歐洲

都恢復了生機。這就是中世紀。人們一般認為中世紀是一個科技落後、文化蒙昧的時代，在長達千年的時間裡，歐洲人都在精神上睡眠著，充其量是在夢遊狀態中蓋起了一些不甚美觀和堅固的城堡。真正將城堡藝術推向高潮的是文藝復興。

人們今天所能看到的大多數城堡都是文藝復興後的君主修建的，因為原址上的城堡早就被中世紀的戰火破壞。文藝復興建築風格與羅曼式建築相似，而站在歌德建築的對立面上。典型的文藝復興風格的城堡，比如：法國的香波城堡，在輪廓上傾向於簡潔的幾何形狀，在細部裝飾上也不失華麗，它的識別性特徵是大拱頂。文藝復興運動恢復了人類對科學的熱情，科技知識也越來越多地被應用到建築上，使這個時代的城堡在結構上更堅固，更和諧。在這個人類理性興奮的黎明，建築物也會帶給人舒適的居住體驗和歡快的精神享受。

走過了短暫的文藝復興時期，歐洲在精神上再度陷入空虛。這時候，巴洛克風格的建築開始興起。「巴洛克」的本意是不圓的珍珠，象徵著某種光彩奪目而又奇怪的東西。這個時期的建築風格便是這樣，極其注重細節的裝飾，但有時候未免過度，顯得有些奇怪，使人產生了海市蜃樓般的幻境感。在這之後，人們也常常談起「洛可可建築」這個詞，但是嚴格意義上說，洛可可並不是一種建築風格，只是一種裝飾風格。人們越來越沒有信心，或是無力於改變城堡的框架，而只想將它裝飾成自己心目中的天堂。此起彼伏的宗教改革讓人們在信仰上無所適從，永不停息的宗教戰爭讓人們心碎痛楚。這一時期的建築越來越缺乏宗教感，而陷入一種精神上的神祕主義。城堡正可體現了每一個時代人們的精神狀態。

資本主義興起，王權衰落，人類歷史上劃時代的格局變化最終使城堡徹底地為人們所廢棄。新興的資本主義者只講今生，不講來世，代代傳承的古堡不再吸引他們，現代建築變得越來越快餐化。但是他們想出了一個不錯的主意，那就是重新修繕古堡，然後再將它們轉變成觀光資源，這就是為什麼今天我們每個人都可以參觀那些往昔在人們心目中高不可攀的古堡了。

烏雲籠罩下的愛爾蘭凱西爾城堡。

對聖者的屠殺

——愛蓮·朵娜城堡

愛蓮·朵娜城堡三面環海，彷彿是遠離塵世的幽僻之境。中世紀時，這裡是修士們隱修的地方，他們在這裡過著清心寡慾的生活，虔誠地侍奉神聖的上帝。同樣也是在這裡，一個血腥而恐怖的事件發生了：一夥海盜洗劫了這裡，並將城堡中的53名僧侶全部斬首，流淌的鮮血染紅了城堡的土地。

與世隔絕的隱修之境

愛蓮·朵娜城堡位於蘇格蘭哈里斯島上，這裡遠離不列顛島本土，是全英國甚至全歐洲交通最不發達的地區之一。愛蓮·朵娜城堡的這種狀況自古以來便是如此，早在中世紀的時候，這裡僅有一些渴望與世隔絕、忘卻塵俗的隱修士居住。城堡三面環水，兩面夾著群山，令人感受到一種獨特的氣氛：既清心寡慾，又十分危險。

修道院的章程中通常規定：修士們要在一個相對封閉的環境中過集體生活；不能保有個人財產，甚至稍微昂貴一點的生活用品；終身不娶，苦修，禁食。有的修道院中甚至連床都沒有，修士們集體睡在大殿冰冷的地面上。同時，不鼓勵修士們之間高聲喧譁、談東論西，有什麼話只能低聲說。

7世紀時，愛蓮·朵娜城堡中正是居住著這樣一些虔誠的修士。雖然城堡外有一座長橋通往外界，但除非有

城堡的簡樸到了令人吃驚的程度，完全看不出任何裝飾風格，但這恰恰符合了當時修士們的生活特徵，使得他們可以在這裡排除物欲，全心全意地侍奉上帝。

重要事情，否則修士們不離開修道院。

聖餐儀式後的慘案

　　618年4月17日，愛蓮‧朵娜城堡的主人，艾伯特‧朵娜修士正在帶領其他修士一起舉行聖餐禮。當天的主要儀式是要同領聖體和聖血。聖體是一塊不加酵母製作的麵餅，它代表耶穌為拯救世人犧牲的身體，由艾伯特‧朵娜修士掰一小塊放到其他修士的嘴裡，該修士要用嘴唇含住餅，而不能用牙齒咬，然後一點一點慢慢含食掉。聖血是一杯紅葡萄汁，代表耶穌為拯救世人流淌的鮮血。然後繼續彌撒禮。

　　聖餐禮是天主教最重要的七個儀式之一，也是耶穌生前親自確定的兩個儀式之一，全部過程都是非常神聖的，非信徒不應該對他們站在那裡緩慢地吃東西而加以嘲笑。歷史上有不少慘烈的戰爭因聖餐禮而打響，羅馬教廷曾禁止平民同領聖血，民眾為這一權利做出了不屈不撓的鬥爭。由此可以想見，對於天主教信徒而言，飲下這一口葡萄汁具有非同尋常的意義，它標誌著對基督事跡的緬懷和對基督精神的認同，這無疑是信仰最本質的部分。很多人在舉行這一儀式時，都會激動得淚流滿面。

· 古堡　　檔案 ·

◆|國家|：英國
◆|始建年代|：不詳
◆|英文名稱|：Eilean Donan Castle
◆|相關人物|：艾伯特‧朵娜

　　愛蓮‧朵娜城堡中神聖的鐘聲敲響了，這鐘聲響徹荒島，修士們跪在聖壇前寂靜無聲地禱告著，海上起了迷濛的霧，霧氣中幾艘船向城堡方向駛來。全心全意沉浸在儀式和冥想中的修士們沒留心這些不速之客的靠近。海盜們默默地將船泊在岸邊，手持武器敲開了神殿的大門。海盜們都留著亂蓬蓬的鬍子，衣服十分骯髒，頭戴怪獸頭盔，揮舞著斧頭和利劍。修士們這才驚醒過來，他們以為是魔鬼白日降臨，不知所措，哭喊著到處亂跑，不合身的長袍使他們跑也跑不快，不一會兒就全部被擒。

　　制服了修士們後，海盜們開始四處檢搜，想找到一些錢財珍寶，但他們的運氣不好，似乎沒什麼收穫。通常海盜只殺反抗者，但在辛苦一遭卻一無所獲時也殺被俘者。包括艾伯特‧朵娜在內的53名修士全被海盜們殘忍地斬首，愛蓮‧朵娜城堡在海盜的血洗下，成了一座空蕩蕩的死堡。

誰屠殺了聖人

愛蓮·朵娜城堡的位置在不列顛島的西海岸，因為地形的關係，任何入侵者都會先從這裡登陸。那麼，究竟是來自哪裡的海盜屠殺了城堡中的修士，製造了慘案呢？至今，人們也沒法完全弄清楚。很多人將凶案的罪魁禍首歸結為歐洲歷史上最著名的海盜族群——維京人。

海盜古而有之，對它的最早的記錄出現在西元前1350年，當時的腓尼基人和迦太基人在地中海上肆無忌憚地劫掠商船，給強大的羅馬帝國找了不少麻煩。羅馬人也是花了很大的力氣才平定了他們。中世紀的海盜們證實了羅馬時代的海盜只是小兒科，在維京人登上歷史舞台後，他們重書了大寫的海盜之名。

維京人來自北歐的丹麥、挪威、瑞典等地區，「維京」是他們的自稱，意思是旅行者和劫掠者。從他們一出現在歐洲，人們就對他們極為懼怕。維京人在作戰時極為英勇，而且也異常殘忍，每一戰都在拚命，對死亡無所畏懼，這讓人們十分難以理解。事實上，這種心態源於獨特的異教信仰：北歐神話中的主神名叫奧丁，他可不像希臘人的主神宙斯那樣性格活潑，熱衷於拈花惹草，也不像猶太人的主神耶和華那樣是一位喜歡立法約束人民、尋求秩序感的嚴肅老人。奧丁是一位不死的戰神，但他不是一名戰士，而是位高超的戰略家。他只有一隻獨眼，身披黑色斗篷，說話玄妙，擅長看透人心，使人覺得他自私又陰險，但同時並不眷戀世上的財富與享樂，他真正追求的是不朽的聲名。就是這樣一位性格複雜的主神，正反映出維京人心目中偉大統治者的形象：他不必是高貴的帝王，也不需要是卓越的立法者，但他一定是用智慧克敵制勝的實戰家。

維京人也有他們的天堂：在奧丁的「金宮」裡，生前勇於戰鬥的武士們會獲邀列席神的宴會，大家開心地飲酒和談笑，而且這宴會永世不會結束。對奧丁的崇拜形成了維京人的性格，認為戰死將會使他們去往一個很開心的地方。第二次世界大戰時期的美國著名將領巴頓將軍生前就曾說過，是戰神奧丁的故事支持著他去作戰，沒有了精神的支

🐴最初，維京海盜對不列顛的劫掠僅限於島上的修道院和沿海城鎮。此圖展現的是9世紀時一位名叫英格拉的修道士拉著滿載宗教用品的馬車過橋，企圖從維京海盜手中逃脫。

793年6月8日黃昏，維京海盜駕著龍頭船從海上駛來，襲擊了英國的諾森伯蘭郡。整個小鎮立時陷入恐慌之中，之後海盜們洗劫了小鎮上的林第斯法恩修道院。

持，在血海的殺戮中，再堅強的人也會崩潰的。

　　在維京海盜鼎盛的時期，維京人的戰船橫掃歐洲。儘管如此，人們還是不能就如此輕率地將這慘案的帳算到維京人頭上，因為根據歷史記載，維京人第一次襲擊英倫是在789年。看來，愛蓮・朵娜城堡慘案終將成為一個懸案。

　　殘酷的殺虐在奇異的異教信仰中似乎變得可以容忍。這種狀態真的可以永遠持續下去嗎？答案當然是否定的。在與歐洲人頻繁接觸了一些年後，很多維京人都改信了基督教。刀刃也許可以征服人的肉體，但信仰能夠征服人的靈魂。職業海盜越來越少，神祕的奧丁信仰沉入了海洋最深處，希望它永遠被凍結在那裡，讓世界永駐和平。但奇怪的是，人們還是喜歡聽海盜的傳說，這也許是因為人活在這個世界上，除了秩序，還需要勇氣，只不過勇氣要用在幫助他人和克服生存困難上。所以我們都希望，在大海的心中，永遠冰凍著海盜們血與火的熱情之魂。

世界風華館 系列

57

聖徒永世長眠
——布拉格城堡

布拉格城堡曾是歐洲煉金術的中心，這裡長眠著為信仰被活活燒死的聖徒，這裡有手藝高超到被刺瞎眼睛的鐘錶匠，這裡有在街邊攔住你的精通「讀心術」的吉普賽女郎……神祕啊，神祕，一千個人眼中有一千個布拉格。

觸手可及卻又咫尺天涯

布拉格城堡位於伏爾塔瓦河西岸的拜特申山丘上，千年以來，這裡是波希米亞王室的居住地，如今仍是總統府與國家機關的所在地。來到這座古堡門前，人們會突生感傷與疑惑：為什麼卡夫卡走了一生，至死都無法觸摸這扇大門？仰望這座恢弘的建築，杏色的外牆、雕飾精美的瓦、插入雲霄的歌德式尖頂，心中會不由得生出一種渺渺茫茫的感覺。布拉格城堡沐浴在陽光下，觸手可及卻又咫尺天涯。

尼采說當他提起音樂，只能想到維也納；正如提及神祕，只能想到布拉格。布拉格的神祕源於它自由的生活態度：來到這裡卸去一切重擔，體會到米蘭·昆德拉所言的生命的「輕」，對人生路途上的一切成見都會扭轉。當你穿著寬大、百褶、帶流蘇的長裙，迎著秋日的風走過噴水的庭院時，悄然之間，一切都已經改變。

布拉格城堡占地45公頃，包含1座主堡、3間教堂和1座修道院。主堡中有一個歌德式加冕大廳，建造於15世紀，中世紀波希米亞國王在這裡加冕，現在捷克總統在這裡競選。主堡北樓還有一間裝飾豪華的西班牙宴會大廳，以前這裡是國王宴請貴族的地方，現在總統在這裡舉行國宴。

·古堡 檔案·

◆ |國家|：捷克
◆ |始建年代|：約880年
◆ |英文名稱|：Prague Castle
◆ |相關人物|：約翰·胡斯、卡夫卡

盲眼之魂 天籟之音

布拉格市政廳的天文鐘歲歲復年年地敲響，它已經運轉了600年，聲音依然悅耳，彷

🔱（左圖）布拉格城堡全部由石頭和灰漿建造，堅固又華麗，乳黃色的城牆、鐵灰色的教堂、淡綠色的鐘樓頂，一切都令人著迷。

🔱（右圖）布拉格市政廳的天文鐘

鐘樓始建於1410年，分為上下兩座，根據當年的地球中心說原理設計，上面的鐘一年繞行一周，下面的鐘一天繞行一周。

若天籟。鐘體的結構設計絕妙，每當整點時，就會有耶穌十二門徒中的一人從鐘裡跳出來報時。然而這鐘聲聽來總是驚心的，因為1490年時，當局者請優秀的鐘錶師哈努斯改造這架當時已經80歲的「老鐘」。哈努斯改得太絕妙了，以至於當局竟派人刺瞎了他的眼睛，以防他再製作出比這個更好的鐘。

聖維塔大教堂是布拉格堡中最高的建築，這裡埋葬著大部分波希米亞國王。它是一座典型的歌德式教堂：兩座尖塔夾住神殿，一個與希臘式門頂不同的、角度極尖的三角形門頂。進入內部是大穹頂結構，金碧輝煌，令人目眩。狹長的窗上裝飾有《聖經》內容的彩色玻璃拼花。牆上畫滿宗教壁畫，金色被大幅運用得美輪美奐。沿著金色的台階一步一步從教徒活動區走到至聖所，就見到了銀質華美的「聖約翰之棺」。有關棺內這位聖徒的故事，數百年後聽來，仍然令人慨歎。

●鵝被烤熟了

1391年，20歲的約翰·胡斯考入布拉格大學，畢業後留校任教。做為一位卓越的神學學者，他同情貧窮的農民和市民階層，反對教會利用「贖罪券」斂財，提出平民信徒也可以像教士一樣在聖餐禮中領取聖餅和聖杯，宗教儀式應該用平民聽得懂的捷克語舉行。這一系列的大膽主

張與校園裡德國保守派的觀點發生激烈衝突，在一番針鋒相對的學術辯論後，德國人憤然退出了布拉格大學，另行組建了萊比錫大學。1402年，31歲的約翰‧胡斯成了布拉格大學的校長。

布拉格大學的分裂驚動了梵蒂岡教廷。教皇亞歷山大五世命令布拉格主教斯賓內克開除了約翰‧胡斯的教籍，這也使約翰‧胡斯失去了大學校長的職位。在此後的幾年裡，他被迫隱居鄉村。但約翰‧胡斯並沒有消沉，反而利用這段時間著手翻譯捷克文版本的《聖經》，並撰寫了不少神學著作。與此同時，布拉格人民並沒有忘記他，他的宗教觀點在平民中悄悄傳播。

1411年，教廷對那不勒斯開戰。急等著用錢的教皇約翰二十三世派人到捷克兜售「贖罪券」，不堪重負的捷克民眾對此非常反感。就在這時，約翰‧胡斯以一位專業神學家的身分發表聲明說：教廷無權逼迫民眾購買「贖罪券」，金錢也無法代人贖罪。人民迅速擁護了約翰‧胡斯的看法，激憤的民眾甚至在布拉格廣場集會，焚燒了教皇派發「贖罪券」的聖諭。此舉無異於與教廷公開對抗。

梵蒂岡開始設計誘捕約翰‧胡斯。1414年，教廷召開康斯坦茨公會議，邀請約翰‧胡斯參會，共同商討平民教徒同領聖餅、聖杯問題。約翰‧胡斯也曾猶豫過要不要參加，但捷克皇帝西吉斯孟拍胸脯擔保他的安全。當年11月，約翰‧胡斯一出現在康斯坦茨，馬上就被拘禁。在長達半年的殘酷折磨中，他始終不肯更改自己的宗教觀點，1415年7月以異端罪被處以火刑。隨後教廷宣佈：經會議討論，平民與教士同領聖餅、聖杯被定為異端。

約翰‧胡斯之死震動了神權統治下的歐洲，人們因為畏懼教廷的密探不敢公開談論這件事，於是就互相詢問：「喂，史蒂夫，你知道『鵝被烤熟了』嗎？」（德語中，「胡斯」同「鵝」的發音接近）「是的。」史蒂夫拿胸前的衣襟抹抹眼淚，「太悲慘了！我說老喬治，你說咱們該怎麼辦？」這樣的對話在歐洲每一個角落裡展開，渴望反抗腐

🕯聖維塔大教堂內的穹頂
教堂的拱柱、飛扶壁、交錯的橫梁、彩色玻璃窗都令人驚嘆，當年布拉格王室在此舉行加冕儀式。

煉金術士的小屋

典型的煉金術士的小屋應該是這樣的：陰暗、潮濕，隨手放置裝滿藥粉的瓶子，可疑的煙霧在飄散，長桌、試管、蒸餾瓶、天平、羊皮卷手稿、駭人的頭骨和動物標本。有時候為了選擇恰當的實驗時間，術士們還要占星。在煉金實驗前通常要祈禱，所以也設有小型的祭壇。煉金對基督教來說是異端，所以不能確定他們祭拜的到底是什麼神明。由於煉金是一個「不可能完成的任務」，所以它極大地拓寬了人類的想像力，也幾乎是一切現代科學的起源，雖然它的大部分成果都是歪打正著的。牛頓一生熱衷煉金術的研究，晚年他被派去做國家鑄幣廠的廠長，也算是學以致用。這算不上什麼醜聞，連愛因斯坦都研究過「精神射電」。

敗教廷的願望在每一個人心中悄悄滋生。

禁止同領聖餅、聖杯以及約翰·胡斯為捍衛信仰被活活燒死的消息傳到布拉格，人民憤怒了！1416年5月，胡斯昔日的學生耶羅米又被燒死在康斯坦茨，憤怒的市民開始集合起來，武裝攻擊位於布拉格城堡中的王宮。1417年，教皇馬丁五世的「十字軍」聯合波希米亞國王溫茨勒四世的軍隊一同對抗「胡斯軍」。長達14年的「胡斯戰爭」爆發了。

胡斯戰爭從最初的宗教戰爭，演變成了一場社會改革和民族解放鬥爭，影響了捷克歷史的發展，同時也揭開了浩大的「歐洲宗教改革」的序幕。在生前，約翰·胡斯曾經被開除教籍，逐出布拉格；在死後，他被封為「聖約翰」，安葬在聖維塔大教堂。

臥虎藏龍的黃金巷

與歐洲其他國家的古堡不同，布拉格城堡沒有被高牆圍起來，反而在城中還有平民居住的區域。閒晃在這些狹窄曲折的小巷裡，人們甚至可以想像到中世紀的波希米亞市民如何生活。

城堡內的黃金巷是不容錯過的一個地方，短短的一條小巷裡可謂臥虎藏龍：這裡因曾居住著魯道夫二世的御用煉金術士邁克爾·梅爾特伯爵而得名，捷克大名鼎鼎的預言家德·特貝絲太太二戰前住在4號，22號曾是布拉格城中最著名的猶太作家卡夫卡的故居。1916年，33歲的卡夫卡搬入了黃金巷22號一間清冷的小屋中。在此後的兩個月裡，他以布拉格城堡為背景寫下了揚名於世的小說《城堡》。從此，黃金巷聲名遠播。如今，22號是一家有著水藍色外牆的書店。坐在臨河的文學酒吧憑窗張望，也要小心某個須臾而過的身影是一位神祕的世外高人。

紅白薔薇的凋零與重生
——沃里克城堡

沃里克城堡白日華美，夜晚寂寥，42位曾居住於此的伯爵在堡內留下了無數傳奇，其中以沃里克十六世伯爵的征戰史最為氣動山河。荒塚掩埋了騎士們的哀骨，臨行時滿懷豪情的他們並不明白，今生再不能生還故土。

榮耀或是死亡

在英國一座名為華威的小城中，華麗而雄奇的沃里克城堡依傍著秀美的埃文河而建。世人一般認為這座城堡是「征服者」威廉一世建造的。但也有傳聞說，早在威廉尚未登陸英倫的阿爾弗雷德大帝時期，城堡就已經開始建造，那時的城堡還是木質結構的。14世紀，城堡被改建，地勢被築高，牆體改成石質，增加了角塔和圓塔。

如今的城堡通體潔白耀眼，宛如豪奢的莊園，從入口經過圓形的庭院，直達富麗堂皇的主堡。宴會廳曾經名流匯聚，國王喬治四世和維多利亞女王都喜歡光臨這裡。廳內懸掛著熱那亞枝形吊燈，裝有39支蠟燭，核桃木扶手椅和威尼斯式長餐桌雅致排列，先王的肖像在牆壁上懸掛。

白日的沃里克堡美麗光鮮，夜晚卻歸入陰霾和恐怖。1000年的歲月，42位伯爵的居住，不會沒有驚心動魄的故事發生。比如：一座塔樓被稱為「鬼塔」，在那裡，福克·格瑞維勒爵士被執行死刑。不過，誰的故事都沒有沃里克城堡曾經的主人沃里克十六世伯爵的故事精彩，他的忠誠與背叛，扭轉了一場影響英格蘭命運的戰爭。沿著塔樓內的石梯一直向上跑，跑過監牢，跑過刑訊的密室，跑過一間叫做「榮耀或死亡」的盔甲陳列室，一直跑到塔頂，風拂面而來，1471年沃里克十六世伯爵（以下簡稱沃里克伯爵）出征玫瑰戰爭時的幻象浮現在眼前，馬在嘶鳴，騎士們效忠的怒吼，轉眼間勇士化作了一堆堆的白

·古堡　檔案·

◆ 國家：英國
◆ 始建年代：1068年
◆ 英文名稱：Warwick Castle
◆ 相關人物：沃里克伯爵

骨，真實又清晰……

三十年薔薇泣血

　　歷史上，英法兩國宿怨頗深，領土爭端困擾著歷代國王。1337年，英王愛德華三世發動了「英法百年戰爭」。起初英國有備而來，佔據了上風，但隨著戰事的不斷升級，戰局幾經變化，這場戰爭一直持續到1453年。這時的英國由亨利六世統治，英國遭遇慘敗，丟城失地。國民將英國的戰敗歸咎為亨利六世的指揮不利，認為他是一位昏庸無能的國王。就在這一年，亨利六世承受不住譴責和壓力，開始受到間歇性精神病的困擾。顯然，此時的國王已經不能再勝任其職了。

⚘表現亨利六世與約克公爵爭執的繪畫。亨利腳下有一叢紅薔薇，約克公爵手執白薔薇，這兩種薔薇分別是兩個家族的族徽標誌。

　　圍繞王位的繼承，兩股英國朝野間最強大的勢力——蘭開斯特家族和約克家族——展開角逐。控制英國西部和北部的蘭開斯特家族大有來頭。1399年，蘭開斯特公爵從他的表弟英王查理二世手中搶過了王冠，成為英王亨利四世，金雀花王朝就此結束，開啟蘭開斯特時代。而此時當權的英王亨利六世正屬於蘭開斯特家族。亨利六世雖然軟弱無能，卻有一位年輕、堅強、權力慾極強的瑪格麗特王后，她在實質上取代亨利六世，成為了蘭開斯特家族的領袖。而約克家族控制著英國的東部和南部，家族中最有勢力的王位角逐者是查理公爵，他的同盟者就是他的內侄沃里克伯爵。此時的沃里克伯爵已經是英國的第二大土地所有者，因與查理公爵的堅強同盟而被稱為「國王製造者」。由此可見，約克家族也是實力強大，更重要的一點是，約克家族一直在質疑蘭開斯特王朝的合法性，認為約克家族對王位具有更強的繼承權。兩大豪門家族之間已成劍拔弩張之勢，一場大動亂不可避免。

　　1455年，亨利六世的精神病奇蹟般痊癒，於5月召集貴族在萊斯特召開一次會議。查理公爵擔心這是亨利六世擺下的「鴻門宴」，遂帶著大批人馬，在沃里克伯爵的陪同下浩浩蕩蕩地前去赴會。瑪格麗特王后也毫不示弱，帶了兵馬前往。結果兩伙人還沒到達萊斯特，就在聖奧爾本斯鎮附近相遇了。雙方似乎都有些不懷好意。5月22日上午，查理公爵忍不住先下令對國王軍動武，戰爭就此爆發。由於約克家族以白薔薇為族徽標誌，蘭開斯特家族以紅薔薇為族徽標誌，所以這場戰爭史稱「薔薇戰

争」。在這次戰役中,國王軍吃了敗仗,所幸的是人員傷亡不大,不過亨利六世受了箭傷。

5年後,雙方又一次在北安普頓狹路相逢,沃里克伯爵率軍再次取勝,並擒獲亨利六世。查理公爵脅迫國王遜位,並宣佈自己為繼承人。與此同時,瑪格麗特王后轉道蘇格蘭,密會蘇格蘭瑪麗王后,請求援助。兩個女人最終達成了協議:蘇格蘭借給瑪格麗特王后一支軍隊,但將來瑪格麗特的獨生子小愛德華得迎娶一位蘇格蘭公主。其後,瑪格麗特王后親率大軍反攻英倫,營救了國王,並將查理公爵的首級懸掛在約克城牆上示眾。

最慘烈的一戰

🌸**沃里克城堡**

沃里克城堡集雄偉與豪華於一身,是英國保存最完好的中世紀城堡之一。

查理公爵死後,沃里克伯爵迅速擁戴了約克家族的另一名繼承人愛德華為國王。次年3月4日,他在倫敦登基,史稱愛德華四世。愛德華四世的王位顯然並不太合法,因為亨利六世還沒死,而瑪格麗特王后也絕不會承認他。1461年3月29日,愛德華四世的軍隊與王后的軍隊在約克城外展開大決戰。這是一場自「薔薇戰爭」開戰以來最慘烈的戰役,從清晨一直打到傍晚,難以分出勝負,直打到屍橫遍野。交戰雙方的死亡人數超過2.5萬人,一半以上參戰的騎士都死了。這場戰爭創造了一個紀錄:英國有史以來,這一天死去的人數最多。

就在太陽西沉、世界墜入徹底黑暗前的最後一刻,愛德華四世的援軍趕到了。王后軍團再也抵抗不住,一路潰敗,血紅的殘陽染紅了約克城。愛德華軍乘勝追擊,幾乎足足追殺了一夜,陷入無法自制、近乎瘋狂的狀態。燈籠火把照亮約克城內外,也沒找到亨利六世,他是在4年後才被抓獲的。

在那場瘋狂的戰役後,愛德華四

世贏得了將近10年的和平統治期。在這10年中，愛德華四世在沃里克伯爵的扶持下坐穩了王位。但其後，誰也沒有想到，國王會與他視為良師益友的沃里克伯爵關係惡化，掀起了新一輪的「薔薇戰爭」。

騎士不侍貳主

1469年，沃里克伯爵與國王會戰於約克城外。國王哪裡是久經沙場的伯爵的對手，兵敗後被扣押在約克城城堡。然而聰明的國王卻運用政治手腕，喚起民眾對君主的同情。結果得勝的沃里克伯爵反而被宣判為叛國者，不得已逃往法國。在法國，伯爵意外遇到了宿敵瑪格麗特王后，原來兩個人都是來懇求法王路易十一出兵英格蘭的。被他們兩位纏得不勝其煩的路易十一半開玩笑地說：「不如你們兩個聯合吧！」這個提議乍聽起來好笑，因為伯爵和王后半生都在為敵，但在共同利益的驅使下，居然聯手了。

1470年秋天，背叛了約克家族的沃里克伯爵聯合王后的部隊反攻英倫，而愛德華四世則請求自己的妹婿勃艮第查理公爵出兵支援。1471年4月14日，愛德華四世與沃里克伯爵在倫敦以北的巴恩特再次決戰。不知是伯爵老了，還是他對昔日主公的背叛使神明也不再庇護他，當日清晨伯爵戰死，他的親衛騎士1000多人也全部被殺。血霧瀰漫了倫敦，愛德華四世大開殺戒，先後處死了亨利六世、瑪格麗特王后和他們的幼子，蘭開斯特家族成員幾乎被誅殺殆盡，只剩遠房親戚亨利·都鐸伯爵流亡法國。

🕮1471年4月14日，愛德華四世與沃里克伯爵在巴恩特交戰。

1483年4月，愛德華四世壽終正寢，傳位給年僅13歲的兒子愛德華五世，並立弟弟理查為攝政王。理查接愛德華五世和他更為年幼的弟弟一起去倫敦居住，然後兩個小男孩就在城堡中走失了，怎麼找都找不到。有人說兩個孩子被叔父用異常殘忍的手段殺害了，孩子的屍體被嵌進牆壁裡，使眾人找不到，無法對證。這件事成了英國歷史上著名的懸案之一。靠這種手段登上王位，理查三世的殘暴可想而知。1485年8月，蘭開斯特家族最後的一員亨利·都鐸回國復仇，與理查的部隊激戰於英格蘭中部的博斯沃爾特，理查戰死。

為了永遠結束紅白薔薇之爭，亨利·都鐸把紅薔薇和白薔薇的圖案融合到一起，創造了新的族徽，並迎娶了一位約克家族的小姐作王后。登基後，史稱亨利七世，開創了英倫一代盛世——都鐸王朝。

亨利八世和他的六位王后
——倫敦塔

倫敦塔是英國王權的象徵，許多國王在這裡加冕。亨利八世當政的時代正是英國的都鐸盛世，不過最讓世人稱奇的還是他與六位王后的故事，多情而又寡義的國王先後將數位妻子斬殺在倫敦塔內。

國王加冕地

提及英國的古堡，沒有人會不知曉倫敦塔。它座落於泰晤士河北岸的塔山上，是一座占地面積18英畝的龐大建築群。同倫敦的很多古堡一樣，倫敦塔也是由「征服者」威廉一世建造的。在第一期工程中，僅中央主塔的工期就超過了20年，可以想像從一開始城堡就被建造得相當奢華。12世紀起它成為皇家城堡，那時有一條不成文的規矩：歷任英王在加冕前都要居住在倫敦塔。13世紀起，國王們開始在中央塔的周圍增建13座內場圍塔，又過了幾個世紀，建起了6座外場圍塔和2座稜堡。城堡的面積增大了，功能也越來越多，內部設有教堂、觀星塔、動物園、小碼頭、造幣館、監獄和刑場等。

視野跨越堅實的城牆，可以看到一座在

🔱白塔

這座倫敦塔內的主堡是一座諾曼第風格的建築，由肯特郡的石灰石築就。

陽光下呈現鮮亮的乳白色的主堡，即白塔。白塔高32.6公尺，共3層，塔牆被加固成雙層。整個牆體的薄厚也不均勻，上部較薄，牆基部較厚，這樣的設計大概是為防止戰爭中有敵人挖主堡的牆角致使主堡倒塌。這種設計在客觀上倒是產生了抗禦地震的作用。主堡頂部砌有諾曼第式的牆垛，四角聳出三圓一方的四座錐形尖塔。

千年的王權傾軋使倫敦塔內上演過數不盡的慘劇。白塔左側的格林塔下就設有一個王室斷頭台，無數王親貴戚死難於此，其中亨利八世殺妻的故事最為驚悚。

亨利八世是都鐸王朝的第二位國王，他在位的時期正是英國封建王朝最鼎盛的時候。亨利一生娶了六位王后，這在一夫一妻制的歐洲王室中是相當少見的。但他並非享盡齊人之福，相反，每一次與新王后結婚、與前王后擺脫關係的時候都費盡周折。他的六位王后中有兩位被斬首於倫敦塔內，成為古堡內不散的冤魂和恐怖傳說。

被廢的凱瑟琳王后

亨利八世的第一位王后是他的寡嫂凱瑟琳。凱瑟琳是一位西班牙公主，原本是亨利哥哥的妻子，在其兄過世後，英國王室不願放棄公主帶來的豐厚嫁妝，於是安排她與亨利結婚。凱瑟琳王后比亨利八世年長6歲，但王后長得相當美麗，婚後兩人的生活還算愉快，先後

育有6個子女，但只有最小的公主瑪麗存活了下來，其餘全部夭折。此時的英國還沒有女人成為國王的先例，急於想要個兒子作王位繼承人的亨利八世順手勾搭上了凱瑟琳王后的侍女安妮·博林。這可不是一位尋常侍女，她是勛爵之女，從小在法蘭西宮廷長大。當時的法國有著全歐洲最奢靡的宮廷生活，連陪侍的小姐們都精於梳妝打扮、社交舞蹈、彈琴繪畫和高雅地調情。這樣的安妮對於亨利八世有著致命的吸引力，加之不久安妮懷孕了，亨利八世猜想這個孩子有可能是男孩，所以希望同凱瑟琳離婚，立安妮為新王后，以便安妮的兒子名正言順成為王位繼承人。

離婚的要求於情於理都說不通，朝野上下一致反對，但亨利八世一意孤行。凱瑟琳拒不離婚，亨利八世開始在精神上折磨她，其中最殘忍的一招就是讓凱瑟琳和女兒住得很近，卻只允許她們每天見上一面。這時的小瑪麗正是依戀母親的時候，每次都是在侍女的「努力」下，小瑪麗的手才會從母親的裙裾上鬆開。為此，亨利八世還同西班牙發生了很多紛爭，對於這些他也不在乎。由於他與凱瑟琳的婚姻是由羅馬教皇批准的，婚姻的解除也必須由教皇允許。在無法讓教皇批准離婚的請求後，桀驁不馴的亨利八世撤換了大主教，並由新任大主教在凱瑟琳缺席的情況下宣佈他們的婚姻無效。此後，凱瑟琳便以廢后的身分隱居利茲城堡，多年後鬱鬱而終。

·古堡 檔案·

◆ |國家|：英國
◆ |始建年代|：1078年
◆ |英文名稱|：Tower of London
◆ |相關人物|：亨利八世

幽靈王后安妮・博林

亨利八世雖然歷經千辛萬苦才同凱瑟琳離婚並娶了安妮，但僅僅幾個月後，他對安妮的熱情就消退了。新王后對凱瑟琳王后留下的小公主瑪麗十分刻薄，倔強而不可一世的個性也使得她與亨利八世的關係迅速惡化。不久後，安妮也只生下一位公主（即日後繼承瑪麗一世女王王位的伊麗莎白一世女王）。依然沒得到男性繼承人的亨利八世又轉而追求安妮王后的侍女簡・西摩。

這一次，國王遇到了雙重阻礙。好不容易當上王后的安妮不同意離婚，而簡是一個有夫之婦。於是國王製造了雙重謀殺，先殺死簡的丈夫，一位海軍上將，又捏造了許多罪名，預備處死安妮王后。

1536年5月21日清晨，安妮・博林王后在倫敦塔內的草坪上被斬首。此時距離她嫁給亨利八世只有3年。君恩一斷就要刀刃相見，這可能是安妮當初絕對沒有想到的事情。她曾經是這座宮廷中最讓人羨慕的女人，現在卻被冠以許多骯髒的、莫須有的罪名處死，想來安妮・博林死也不服！數百年來，時常有侍者聲稱在倫敦塔內撞見安妮王后的鬼魂——身著一襲白袍的無頭幽靈，分外令人驚心。

半生艷史　半生情傷

17天後，亨利八世迎娶簡為王后。簡也是一位爵士之女，但容貌並不美麗，真正使亨利八世傾心的是她有一種獨特的氣質，雍容而高貴。不久後，簡不負國王的期望生下了一個男嬰，即後

🌸**簡・西摩畫像**
她是亨利八世的第三任妻子，於1536年5月20日嫁給國王，但在第二年的10月25日死於難產。

來繼承王位的愛德華六世。在亨利八世的六位王后中，簡是唯一一位生下男性繼承人的王后，可她卻難產而死。當簡芳魂遠去時，鐵石心腸的國王也傷心落淚了。有人說簡是亨利八世一生中唯一愛過的女人，這點從他死後選擇與簡合葬也看得出來。

在那之後的歲月裡，傷心欲絕的國王還要照看他的王國。國王慢慢老去，傷心了，也疲憊了，這次反倒是大臣們希望亨利八世續絃。一位德國公爵的女兒成了上佳的人選，她的名字也叫安

妮，這不由得令國王想起已故的安妮王后。或許國王認為娶這樣一位新王后可以彌補他對舊安妮王后的負疚，同時也可以強化英國和德國的聯盟，總之他同意了。待到新安妮被接到英國，一見之下，人們才發現兩個安妮簡直是「天上一個，地上一個」：天國的安妮沉魚落雁，人間的安妮奇醜無比。最糟糕的是新安妮甚至連英語都不會說。這樣的婚姻是不可能持續多久的，僅僅6個月後，國王就同新安妮離婚了。可憐的新安妮甚至無法爭辯什麼，只能靠著國王撥給的一點贍養費，淒涼地隱居在英格蘭鄉村的某個角落。

半生艷史、半生情傷的國王在其後迎娶了一位名叫凱瑟琳的英國貴族小姐——小凱瑟琳。這也很容易讓人想起他的第一位王后凱瑟琳。亨利一生掙扎在一群叫做安妮或是凱瑟琳的他不愛的女人中間，追逐著一個叫簡的他所愛的女人。此時他已經衰老，然而小凱瑟琳青春嫵媚，她用生命的活力帶給國王新的激情。

有一次，亨利獲悉小凱瑟琳在婚前曾與一個男人同居過，這在保守的中世紀無疑是一件大醜聞。但一向對人挑剔苛刻的國王痛苦地接受了這個事實，對小凱瑟琳的過去既往不咎。他期盼小凱瑟琳能像已逝去的王后凱瑟琳那樣賢良，他們的餘生能夠幸福平靜地度過，可是悲劇再次發生：僅僅在婚後一年，小凱瑟琳就與一個男人通姦被抓住。亨利的幻想破滅了，在狂暴的憤怒中，他將小凱瑟琳斬首在倫敦塔。

餘生悔恨

再其後，亨利又娶了一個名叫凱瑟琳·帕爾的女人——第三個凱瑟琳。這位貴族小姐曾嫁過兩次人，而且並不漂亮。國王已經太老，對於追逐愛情，他再也沒了興致，娶她的唯一原因是她素以智慧和擅

✤亨利八世

英國的宗教改革居然是由亨利八世的婚姻問題觸發的。以國王離婚的訴訟案為導火線的英國宗教改革，使英國擺脫了羅馬教廷的精神桎梏。

於言談而著稱。這有點像《天方夜譚》中的那位王后一樣，每一天給國王講一個故事，這樣國王就不會殺她了。亨利八世前半生為了得到繼承人而傷害了好幾個愛他的好女人；後半生則像一個夢魘，活在許多死去王后的替身之中。到最後，他不再需要繼承人，不再需要美麗的女人，只需要和一個智慧的女人在秋日的倫敦塔中，坐坐、談談，追憶當年他殺死的那些美麗的女人，訴說他今時今日的悔恨。第三個凱瑟琳是亨利八世的六位王后中唯一一位得到善終的，甚至在亨利死後又嫁了一次人。國王不再懷恨任何女人了。

🏰 1553年8月23日，「九天女王」簡‧格雷在倫敦塔中被斬首。之後，亨利八世的女兒瑪麗繼位為英國女王。

《聖經‧舊約》中記載著大衛王因為殺死拔示巴的丈夫而受到神的懲罰，讓他的長子成為一個反賊，幼子夭折，而他自己在病痛屈辱中死去。亨利八世的結局跟這個很相似。1547年，亨利八世去世，臨死前，他留下遺言：由他的第三任王后簡‧西摩所生的兒子愛德華繼承王位；如果愛德華沒有子嗣，愛德華死後由第一位王后凱瑟琳所生的瑪麗和她的後代繼位；若瑪麗也無後代，瑪麗死後就由第二任王后安妮‧博林所生的伊麗莎白和她的後代繼位。但世事的變化總是出人意料，亨利八世周密安排的三位王位繼承人都沒有子嗣。

都鐸王朝的淒涼

愛德華繼位成為英王愛德華六世，但6年後，年輕的國王還未來得及生下繼承人就因肺病離開了人間。此時，瑪麗應當成為王位的繼承人。但勢力強大的新教權貴害怕信奉天主教的瑪麗會危害到自身的利益，另立了簡‧格雷郡主為女王。可此時人心都向著瑪麗，在英格蘭北部鄉紳和貴族的支持下，僅9天後，這位一向被國王漠視的女兒終於斬殺「九天女王」簡‧格雷郡主，登上了至高無上的英格蘭王位。由於幼年的遭遇，做為虔誠的天主教徒的瑪麗對曾經按照父親旨意，判

定父母離婚合法的新教痛恨無比。在穩定王位後，她開始對新教徒進行可怕的大屠殺，5年之內，有300餘人被燒死在火刑柱上，以至歷史學家稱她為「血腥瑪麗」。在最瘋狂的時期，她甚至把同父異母的妹妹伊麗莎白也關進倫敦塔，就因為她不肯更改自己的信仰。無邊的殺戮以及英國與西班牙、法國的戰爭使瑪麗徹底失去了民心。1558年，在國內一片激烈的反對聲中，瑪麗去世了，而她的妹妹伊麗莎白成了英格蘭的新女王——伊麗莎白一世，慶祝的鐘聲響徹倫敦。

伊麗莎白一世是英國歷史上一位很有成就的君主，在她執政的幾十年間，英國走向了真正的輝煌。但這位童貞女王一生都沒有結婚，因為她看透了女王統治的真正困難，那就是囿於愛情和婚姻的束縛。這條真理悲涼而透徹。

女王一生並非沒有愛過任何人，在她的晚年，一位名叫羅伯特·德弗羅的青年貴族是她的寵臣，他們有著半公開的情侶關係。年輕的騎士恃寵而驕，惹

了不少麻煩，女王只能盡量睜一隻眼閉一隻眼。但是在1601年，羅伯特參加了一場暴亂，暴亂危及到帝國的根基，女王不得不在倫敦塔內處死了年輕的伯爵。這種感覺是難受的，情感完全讓位於理性，為了帝國的安危，伊麗莎白一世犧牲掉了自己最後一點快樂和安慰，在人生的盡頭，走到了孤獨的崖頂……

當伊麗莎白一世去世後，英格蘭的王權傳到了伊麗莎白一世表妹兒子的手中，都鐸王朝就此結束。

這是一座怎樣的古堡？高牆間隙間的嘯音猶如鬼吟，花崗岩冷寒而又變幻的光線和昏暗的燭火激起人內心幽閉的恐懼。黑翼的渡鴉滑行過沼澤，冷漠地掠過苦難深重的倫敦塔上空。不知為什麼，這些渡鴉被傳說成倫敦塔的守護神，一旦牠們飛離，倫敦塔就會倒塌，王朝也將覆滅。而從13世紀至今，渡鴉就從來沒有飛離過。伴隨著殺戮的愛情早已消逝無跡，唯有王權屹立至今。

🦢1553年，貴族迎接瑪麗女王與伊麗莎白公主返回倫敦。但僅僅在5年後，瑪麗女王就逝世了，而伊麗莎白公主繼承王位，成為伊麗莎白一世。

因詩聞名的囚牢

——西庸城堡

西庸城堡是瑞士最著名的城堡之一，它巍峨地矗立在日內瓦湖東南岸邊一塊突出的岩石上，依山傍湖的樸拙建築與周邊絕美勝境和諧地融為了一體。這座歷經700年風霜的城堡舉世聞名，但並不是因為它的美，而是因為城堡中陰暗而潮濕的地牢。

◆ 仙境中的牢籠

西庸城堡位於瑞士邊境城市蒙特勒附近的日內瓦湖畔，該湖也是瑞士與法國的分界線，大約有2/3屬於瑞士，1/3屬於法國。日內瓦湖是瑞士人對這個湖的稱呼，而湖對岸的法國人則稱它為萊芒湖。從古羅馬時代起，這裡就是往來義大利與法國的交通要道。由於歷史過於久遠，人們已無法準確得知西庸城堡的起源，目前發現的有關西庸城堡的最早文字紀錄是1150年，建築學家認為，它底部的基石是在11世紀修築完成的。「西庸」（Chillon）在法文中的意思是「石頭」，它的得名也許就來自於它所在的那塊凸出湖岸的巨岩，13世紀～14世紀時，這裡是義大利王族薩伏依家族的領地，第二代薩伏依伯爵聘請著名建築師梅尼耶進行設計，準備將這座城堡進行徹底改建，做為家族避暑的行宮。

西庸城堡依山傍水的獨特地理位置賦予了建築設計師靈感，城堡面向湖水的一面被建造成採光通風良好、適宜居住的舒適居室，主人可以站在城堡的陽台和塔樓上眺望美麗的日內瓦湖和對岸的城市。而面向山腳下商道的一面，則被建造成由吊橋、箭塔保衛的要塞模樣，當年經過這裡的商隊必須繳納稅金才能通過。令人叫絕的是，這兩個功能完全不同的部分被設計師巧妙地結合在一起，渾然一體，完全沒有相互衝突的感覺。山水映襯下，莊嚴古樸的城堡巍峨佇立，幾欲凌空飛去的湖光山色被輕輕一震，即將滿溢而出的山水靈氣只得在這裡徘徊。

·古堡檔案·

◆ |國家|：瑞士
◆ |始建年代|：不詳
◆ |英文名稱|：Chillon Castle
◆ |相關人物|：博尼瓦爾、拜倫、雪萊

◆西庸的囚徒

西庸城堡在度過了百年的黃金歲月之後，被大煞風景的占有者先後當做軍火庫和監獄使用。監獄位於城堡地下室中，由厚重的岩石建成，在歷史上曾經關押了約200名犯人。監獄中立有7根巨大的歌德式樣的石柱，上面還鑲嵌有鐵環，這就是關押著名的博尼瓦爾的地方。博尼瓦爾是

🌸西庸城堡

城堡依山面水，從山道這邊看，它是一座堅固的軍事要塞，從湖對岸眺望，它又成了一座漂浮在蔚藍色湖面上的美麗宮殿。

16世紀時瑞士日內瓦聖維克多修道院的院長，據說由於他支持日內瓦獨立（一說是由於推動宗教改革），被當時薩伏依王朝的查理三世大公於1532年逮捕，並關押在西庸城堡的監牢裡。

　　與博尼瓦爾同時被捕的還有他的兩個弟弟。三兄弟被分別鎖在地牢最深處的三根石柱上，彼此之間只能聽見聲音，無法見面。他們三人用聲音互相鼓勵，在親情中尋找堅持活下去的溫暖。地牢黑暗潮濕，加上又無法自由活動，他們的身體一天比一天衰弱，兩個弟弟先後死去。博尼瓦爾懇求獄卒將弟弟們的遺體埋葬在陽光照耀之下的土地，而獄卒卻將他們淺淺地葬在禁錮他們自由的石柱下面。弟弟們去世後，博尼瓦爾才被從石柱上放了下來，他可以在牢房中拖著腳鐐來回走動了。再平常不過的行走，對於已經鎖在石柱上整整3年的人來說，也是一種恩賜。

　　博尼瓦爾開始在監牢厚實的牆壁上鑿坑，不是為了逃出牢籠，而是為了讓陽光照耀在弟弟們的墓穴之上。每當他想起再也無法見到陽光的弟弟們就躺在他腳下，在與他只有一層石板之隔的地方，他就無法抑制住悲傷，只有不停地鑿挖、敲打，才能排遣內心的悲傷和孤獨。當雙臂痠痛得實在無法舉起的時候，他就在弟弟們的墓穴前走來走去。久而久之，腳上粗大的腳鐐竟然在石板地面上劃出了猶如斧劈刀削般深深的印記。

　　1536年3月29日，伯恩人攻下西庸城堡，博尼瓦爾終於走出了牢籠，他已經有整整4年沒有見過一絲陽光了。博尼瓦爾活著離開了這裡，但他生命中的一部分和他親愛的弟弟們一起，永遠地留在了西庸城

世界風華館 系列

73

堡的陰暗裡。

　　博尼瓦爾的時代過去大約2、300年後，有位詩人來到了這個曾經滿是悲哀的地牢中。剛剛領略的美景還留存在他的腦海中，但轉眼之間卻彷彿時空穿梭一般，來到了一個如此陰森恐怖的地方。聽著嚮導講述著博尼瓦爾的故事，耳中似乎還有腳鐐手銬的叮叮作響，年輕的詩人愴然淚下，在第三根石柱上深深刻下了自己的名字——拜倫。當天夜裡，拜倫在住所寫下著名的長詩——《西庸的囚徒》，來祭奠博尼瓦爾的在天之靈。

拜倫和雪萊

　　拜倫被譽為英國有史以來最具天才的詩人，一生中充滿了反叛精神，他作品中的主人翁也大都高傲、孤獨而堅強，後來人們便稱呼這樣的人為「拜倫式英雄」。拜倫在作品中常常對英國的貴族進行尖銳而辛辣的諷刺，甚至直接抨擊當時的攝政王，於是遭到了英國貴族與御用文人們風暴般的誹謗和攻擊。1816年，他的妻子也因不理解他而帶著不滿週歲的女兒離開了他。敵人們抓住這次婚變大做文章，將拜倫說成一個卑劣、下流、

🕯身著阿爾巴尼亞服裝的拜倫
拜倫出身於豪門望族，並繼承了家族的勳爵頭銜，但他將一生都投身於浪漫主義詩壇和民族解放鬥爭中。

無恥的異教徒，拜倫被迫永遠離開了他的祖國。

　　詩人內心的痛苦無以復加，他取道比利時，沿萊因河畔行至瑞士，希望在純潔而美麗的大自然中撫平自己的創傷。拜倫在日內瓦湖畔住了4個多月，這段時間是他一生中少有的快樂而悠閒的日子。

　　就是在這裡，拜倫在尋找寓所的時候邂逅了泛舟歸來的雪萊，從此兩顆明星共同閃耀在天際。雪萊是英國的又一位天才詩人，同樣的出身、同樣的叛逆精神、同樣的不幸婚姻、同樣不被社會接受的思想……兩位浪漫主義詩人有著太多相似之處，他們立刻便被對方吸引，從此結為一生的好友。半個月後，雪萊在蒙特萊爾租下一幢兩層小樓，而拜倫住在了近在咫尺的迪奧達底別墅裡，這棟雅致的別墅曾經是大詩人彌爾頓的行館。他們兩人結伴遊遍了附近的風景名勝，就是在這段時間，拜倫在雪萊的陪伴下來到了西庸城堡。

　　幸福的日子總是短暫的，同年8月，雪萊夫婦離開了這裡。兩個月後，拜倫也前往義大

日內瓦湖畔的多產之夏

　　1816年夏天是英國文學史上的一個「多產的夏天」，在這個夏季，日內瓦湖畔誕生了許多不朽名著。拜倫在這裡創作出了《西庸的囚徒》，並繼續寫作長詩《恰爾德·哈羅爾德遊記》；雪萊創作了《精神美的讚美詩》和《白山》。在他們圍坐在爐火旁，輪流講述鬼怪故事消磨時間的晚上，拜倫的私人醫生波里多利寫出了著名恐怖小說《吸血鬼》的開頭，而雪萊的妻子瑪麗·雪萊則創作出了世界上第一部真正意義上的科幻小說──《科學怪人》。這部小說現在已經成為了科幻小說的經典，在許多影視文學作品中都能夠看到它的影子。

利，參加當地的祕密革命組織「燒炭黨人」組織的民族解放運動。1822年7月8日，30歲的雪萊在乘坐以拜倫的長詩命名的「唐璜」號小艇渡海時遭遇風暴，溺水而亡。當地法律規定，溺水者的屍體必須火葬，於是拜倫在海邊為亡友舉行了一個希臘式的葬禮。英國政府和教會拒絕將雪萊的骨灰安葬在西敏寺的詩人角中。次年1月，雪萊的骨灰在羅馬一處新教徒的墓地中下葬，墓碑上用拉丁文刻著「眾心之心」。

　　此後的歲月裡，拜倫繼續為希臘的民族獨立運動奮鬥。1824年，拜倫因操勞而患病，加上出行遇雨，導致病勢加重，4月18日，拜倫知道自己的生命即將走到盡頭，他對身旁的人們說：「不幸的人們！不幸的希臘！為了她，我付出了我的時間、我的財產、我的健康，現在又加上我的性命。此外，我還能做什麼呢？」次日凌晨，拜倫去世，希臘全國哀悼三天，並為他舉行了國葬，將他的心臟安葬在希臘，而將他的遺體送回倫敦。

　　同雪萊的遭遇一樣，英國政府和教會拒絕將拜倫的遺體安葬在西敏寺內。他的遺體被葬在了英格蘭諾丁漢郡赫克諾爾小鎮上偏僻的教堂中，墓碑上刻著如下銘文：「這裡安息著喬治·戈登·拜倫的遺體。他是《恰爾德·哈羅爾德遊記》的作者，他於1824年4月19日死於希臘西部的梅索郎吉昂，當時他正在為恢復希臘往日的自由和光榮而英勇奮鬥。」

❧雪萊的葬禮

1822年，拜倫在義大利海邊親自主持了雪萊的葬禮。

王權時代的象徵
——巴士底監獄

巴士底監獄原是英法百年戰爭中建造的用來拱衛法國首都巴黎的城堡，後來成為了臭名昭著的關押政治犯的監獄，法國大革命時期被革命者拆毀。在人們的記憶中，這座早已消失的城堡總是和監獄聯繫在一起。然而，我們從遙遠歷史殘留的碎片中，卻拼湊出了一個完全不同的巴士底監獄。

被誤解的巴士底監獄

在大多數人的心裡，巴士底監獄是一座封建王朝的監獄，是舊制度的象徵，是一座時刻迴盪著囚犯慘叫和獄卒獰笑的陰森建築。事實上，建造巴士底監獄的最初目的並不是作為監獄使用的。

「巴士底」一詞的法文原意為「城堡」，是1370年法王查理五世下令在當時巴黎市的東郊、塞納河的右岸建造的一座城堡。當時正是英法百年戰爭時期，修建巴士底的目的是為了抵禦英國的入侵，保衛首都巴黎。巴士底城堡的背後就是巴黎市的城門，因此城堡被修建得異常堅固，看到它的人都會認為這座城堡是無法從外部攻克的。城堡占地2670平方公尺，共有8座高達30多公尺的巨大塔樓，由高大的城牆相連。牆外是一道護城壕溝，城牆上築有槍眼，還配置了重炮，城堡中巨大的軍火庫常年儲存著大量炮彈和火藥。

後來，不斷擴大的巴黎市區越過了巴士底，這座城堡的所在地成了巴黎市區東部的一部分，城堡自然也就失去了防禦外敵的作用。亨利四世（1589～1610在位）登基後，看上了固若金湯的巴士底，將它改建作為國家儲備金庫。不久後又將它改用作國家監獄，專門用於關押政治犯。

在隨後的路易十三（1610～1643在位）、路易十四（1643～1715在位）時代，巴士底監獄成就了它的恐怖名聲。在這段時期，巴士底監獄中關押了大量遭到政治迫害和宗教迫害

·古堡 檔案·

- ◆｜國家｜：法國
- ◆｜始建年代｜：1370年
- ◆｜英文名稱｜：Bastille
- ◆｜相關人物｜：路易十四、鐵面人

🔥**1420年的巴士底監獄**

此時的巴士底監獄還是抵禦英國軍隊的軍事要塞,城牆、壕溝、吊橋、塔樓……要用一個詞來形容它,便是固若金湯。

的囚犯,他們大多沒有經過公正的審判,甚至連刑期都沒有確定。在當時,國王簽署一張拘捕令就可以將任何人送進巴士底監獄,而國王竟然常常將這種空白的拘捕令簽上名字,送給或出售給貴族們。

尤其在路易十四時期,這種恐怖專制達到了高峰,人們連最基本的權利都被剝奪了,入獄和被監禁不需要任何理由。據說有一位老人入獄長達35年,他完全不知道自己為什麼被捕,也從沒有受過任何審問。35年的牢獄生活使他完全麻木了,被釋放後他無處可去,也不知道該如何生活,於是提出要重回監獄。被批准後,老人便在巴士底監獄度過了餘生。巴士底監獄在巴黎人眼裡成為了專制的象徵,成為了所有人心中的枷鎖。這也是在日後法國大革命時期,巴黎人民進攻並徹底拆毀巴士底監獄的根本原因。

事實上,在路易十四死後,巴士底監獄已經不再是原來的恐怖城堡了。路易十四入葬兩天後,攝政王奧爾良公爵菲力普便下令查核巴士底監獄中關押的囚犯,除了會對社會造成危害的刑事犯之外,其餘的一律釋放。

在路易十五時代,雖然國王仍能夠用一紙拘捕令便把人送入巴士底監獄,但一般來說拘押的時間都不算太長,巴士底監獄逐漸成了一個類似現在的拘留所的監獄。法國啟蒙思想家伏爾泰就是在這個時期兩次入獄,並在獄中寫出了名著《俄狄浦斯》。由此可見,路易十五時代的專制迫害已經大大減弱了。現代的法國歷史學家對於巴士底監獄有一些客

🌸（左圖）1789年7月14日，巴黎市民攻打巴士底監獄。人們攻下監獄後，開始對它進行拆毀。當時負責拆除巴士底監獄的革命黨人帕盧瓦頗有商業頭腦，他把拆下的每塊磚都刻上巴士底監獄的浮雕，作為紀念品出售，大賺了一筆。

🌸（右圖）巴黎市民攻占巴士底監獄後歡慶勝利。

觀的評價：「當時的巴士底監獄實際上是全法國生活條件最好的一個監獄，並且不是巴黎人民所畏懼的王朝的象徵。」

在路易十六時期（1774～1792），龐大的巴士底監獄只關押著極少數囚犯，看守也十分鬆懈，士兵們可以請病假而取消定期的巡邏。對於大多數囚犯來說，那時的巴士底監獄中的條件可以用舒適來形容，監獄為囚犯提供足夠的菸葉和酒，囚犯甚至可以飼養寵物。囚犯的家人可以要求探訪，監獄甚至可以為他們提供住宿。畫家吉恩‧弗拉戈納爾的一幅素描中繪有那時的一次探訪的情景，畫面中一個時尚的貴婦人與囚犯一起在城堡的後院中散步，如同在塞納河畔漫步的遊人一般自由自在。事實上，這個監獄在那時已經沒有存在的必要了，路易十六甚至還曾想拆除巴士底監獄，而且找了一位建築師，讓他提出一個拆除計畫。

走向毀滅

1789年7月3日，巴黎人民揭開了法國大革命的序幕，起義軍和政府軍發生了激烈的武裝衝突，位於制高點上的巴士底監獄城牆上的15門重炮無疑對起義軍是一個嚴重的威脅。另外，巴士底監獄在巴黎人眼中仍然是那個舊時代的專制象徵，於是7月14日，數百名革命者向巴士底監獄發起了進攻。

守衛巴士底監獄的是洛耐侯爵帶領的82名法國軍人以及32名瑞士僱傭軍。革命者曾派代表進入巴士底監獄談判，要求洛耐侯爵拆掉大炮，並發誓不對革命者進行武力報復，作為交換，代表將勸阻民眾停止攻擊。洛耐侯爵不僅同意了這些條件，還請代表們吃了午飯。可是民眾的衝動不是幾句話就能夠抑制的，短短的停火後，更大的衝突爆發了。在這次衝突中，雙方戰死近百人，最後守軍因彈藥告罄、傷亡慘重而投降，巴士底監獄被攻占了。在之後的遊行慶祝中，革命者砍下了洛耐侯爵的頭顱，並將其穿在長矛的頂端，在巴黎全城遊街。

不久以後，巴黎街頭出現了描繪巴士底監獄囚徒慘相的雕版畫：囚犯戴著沉重的鐐銬，面黃肌瘦，衣衫襤褸，這些畫使人對巴士底監獄普遍產生了錯誤的認識。事實上，巴士底監獄被攻占的當天，監獄裡一共只有7名囚犯，其中有4名造假者、1名因濫交而被捕的貴族，以及2名精神病人。

法國革命委員會認為巴士底監獄是法國封建專制制度的象徵，必須徹底地拆除，其實從被攻占的那時起，巴士底監獄就已經開始被逐漸拆除。1791年，巴士底監獄被徹底拆毀。它的原址被建成一片廣場，而拆除的石料被用來架設一座新的連通塞納河兩岸的橋梁，代表著人類應當相互溝通、相互交流，而不是相互壓迫，該橋被命名為「協和橋」。攻陷巴士底監獄是法國大革命的象徵，而7月14日也成為了法蘭西共和國的國慶日。

神祕鐵面人

1703年11月19日，一位神祕人物在巴士底監獄中死去。在他長達34年之久的牢獄生活中，一直佩戴著一副黑天鵝絨做的面具，還有人說那面具其實是鐵鑄的。據說這個神祕的鐵面人是法國國王路易十四下令關押的。在獄中，鐵面人受到嚴格的監管，任何情況下都不得摘下面具，甚至不能說一句話。同時這個人又享受著極高的待遇，似乎是地位非常崇高的貴族，

🌸法王路易十六的王后瑪麗·安托瓦內特被推上斷頭台
當巴黎群眾攻打巴士底監獄時，她支持國王拒絕限制王權，結果成為眾矢之的。1793年10月，她被革命法庭判處死刑。

有專門的牢房，用餐時由監獄長親自在旁邊伺候，在他面前，連監獄長都不敢坐下，只能畢恭畢敬地站著。一位法國公主的一封信中曾經提到過這個神祕的囚犯，信中說：「多少年來，有個人一直戴著面罩，住在巴士底監獄，至死不除，兩名武士永遠守在他身旁，只要他

一摘面罩，便會把他殺死……其中必然有些蹊蹺，因為除此以外，他受的待遇很好，住得很舒服，各項供應無缺。但沒有人曉得他是誰。」

據說這個囚犯於1669年在敦克爾克港被捕，最初關押在都靈附近的皮內羅監獄中。在他還在押往監獄的路上時，皮內羅監獄的監獄長聖馬爾就接到了一個書面命令：「如果他向你說起日常生活範圍以外的任何問題，你便以處死來威脅他。」聖馬爾每次調到另一個監獄任職，這名囚犯也跟著他押往新的監獄。在路上，他乘坐一頂用蠟紙密封的轎子，以防好奇者窺探。1698年，聖馬爾被調往巴士底監獄，而鐵面人也隨之來到巴士底監獄，這時他已經被捕30年了。

鐵面人死後的第二天，被悄悄葬在聖保羅教區的公墓裡，墓碑上的名字是馬奇歐利，卒年寫著「約45歲」，而職業則是僕役。據說，在他的遺體被放入棺中時，有人看到了他的臉，但那張臉已經因長期佩戴面具而被壓得慘不忍睹，無法分辨出原來的相貌。鐵面人死後，他在獄中使用過的家具、衣服、被褥被立即焚燒，連他使用過的金屬製品也被熔化，關押他的牢房的牆面被全部刮掉，重新多次塗抹白灰，鋪地的瓷磚也統統換掉。

種種非常的舉動引起了人們的好奇，人們紛紛猜測鐵面

人的真實身分，甚至連後來的法國國王路易十五、路易十六都曾下令調查此人的身分，但是結果無人知曉，人們唯一能夠得到確認的，就是路易十六曾有一次明確表示要嚴守鐵面人的祕密。路易十六的話似乎說明了這個神祕的囚犯與法國王室之間存在著某種緊密的聯繫。伏爾泰在他的著作《路易十四時代》一書中寫道：「這個囚犯毫無疑問是個非常重要的人物，但他被送往聖瑪格麗特島時，歐洲並無重要人物失蹤。」聖瑪格麗特島是法國普羅旺斯附近的一座島嶼，其上曾建有監獄。有一種說法認為鐵面人最初曾被關押在這裡，並說鐵面

🌹電影《鐵面人》劇照

好萊塢巨星李奧納多‧狄卡皮歐在劇中飾演路易十四和他的孿生兄弟，即鐵面人。

巴士底監獄的鑰匙

在美國贏得獨立後的第6個年頭,即1789年,法國大革命爆發了。美國的獨立是在法國的幫助下完成的,因此獨立初期的美國民眾對法國懷有很大好感,美國人紛紛在城鎮中心樹立起法國式的自由柱,將街道命名為「自由街」。1790年初,曾率軍參加美國獨立戰爭的法國將軍拉法耶特將巴士底監獄大門的鑰匙贈送給美國第一任總統喬治華盛頓,並在給華盛頓的信中表示,「由於美國革命,巴士底監獄的大門才開啟」。這把鑰匙被珍藏在美國波托馬克河畔華盛頓的故居——弗農山莊中。1989年法國大革命200週年時,法國政府專程從美國迎回了這把鑰匙,並舉行了隆重的慶祝儀式,儀式過後又將鑰匙送還美國。這把獨特的十字架形鑰匙使用古老的鍛鐵工藝削割而成,長約25公分,重約2公斤,法國人認為它象徵著自由與民主終將衝破禁錮。

人和「那個法國最著名的人十分相像」。伏爾泰對鐵面人欲說還休的描述讓後人紛紛猜測「那個法國最著名的人」到底是誰。

無法揭曉的謎底

令鐵面人的故事為全世界人知曉的,是大仲馬的名著《鐵面人》,也就是在這本書中,鐵面罩正式替代了天鵝絨面具。大仲馬似乎對這個人懷有某種特殊感情,除了《鐵面人》之外,他還在《三劍客》的續集《布拉日隆子爵》中提到了這個神祕人物。大仲馬的祖父是法國波旁王朝的親王,從小在凡爾賽宮中長大,熟知宮廷祕聞,大仲馬也許從他的祖父那裡聽說過關於鐵面人不為人知的祕聞,人們從他的作品中彷彿能夠窺探到一絲埋藏在他心中的祕密。

鐵面人的身分至今仍是一個解不開的謎,大仲馬在小說中說他是路易十四的孿生兄弟,而有些歷史學家則認為他是路易十四的親生父親。據說路易十三與奧地利的安妮公主結婚22年,安妮一直未能生育,於是兩人分居。分居14年後安妮王后竟然產下一子,這個孩子就是後來的路易十四。路易十四與他的親生父親長相非常相似,為了隱藏這樁醜聞,路易十四就下令將他的生父囚禁至死。除此之外,對鐵面人的身分還有十多種不同的猜測,路易十四時代的警察頭子兼法官拉雷尼、財政大臣富凱、義大利伯爵馬基奧里等人都曾被懷疑是鐵面人,但上述說法都缺乏有力證據。

消失在歷史長河中的人、事、物實在是太多了,曾經關押著鐵面人的巴士底監獄如今都已蕩然無存,人們又能從何處去揣測他的真實身分呢?

惡龍之子 亂世暴君
——德古拉城堡

傳說中，德古拉城堡是吸血鬼的聚居地，其名稱就源於西方文學史上赫赫有名的吸血鬼德古拉伯爵。他的原型是15世紀羅馬尼亞瓦拉幾亞公國大公弗拉德三世・采佩什。大公與吸血鬼德古拉究竟有幾分相似？這一切的解答都深藏在蒼涼幽暗的德古拉城堡。瞭解了德古拉城堡，神祕的世界你就瞭解了大半。

固若金湯的不安

德古拉城堡位於羅馬尼亞中西部的特蘭西瓦尼亞，這裡從古至今都是荒涼多山的地區，也是兵家必爭之地。德古拉城堡就掩映在叢叢枯樹野草之間，紅色尖頂，白色圍牆，在夕陽斜照之下分外淒清。沿著崎嶇山路上的石階費力地攀爬，大約只數百步就到了城堡的門前，但這數百步所經之處幾乎是筆直的，陡峭險峻得令人心驚。所幸的是畢竟還有大門，沒有讓人順著繩子爬上城頭。就整體風格而言，德古拉城堡是典型的歌德式建築：四個高大的角樓夾住主堡，再用圍牆把這一切圈起來，堅實、幽閉、陰暗，兼具給人以生理上的安全感和心理上的不安感。

扶著它固若金湯的大門追憶往昔，不由得心生感慨：在這個世界上，越是堅固的東西就越容易受到攻擊。千百年來，大門遭遇的戰役表明了這個道理。

德古拉城堡
又名拜恩城堡，所在的地勢極為險要，雄踞於山岡上，背靠大山，俯瞰峽谷。如今，它是一座歷史藝術博物館。

裝飾華美的恐怖

主堡的大殿還算華麗，家具考究，掛飾精美。可是這樣反而激起人們內心的惶恐，因為維多利亞時期的歌德文學中描述的伯爵正是英俊且生活在奢華環境中的吸血鬼。在這裡，你既能感到四處是牆且缺少窗子所造成的幽閉感，還能感受到光影被離奇運用造成的恐怖感。比如：夕照透過高高的窗櫺，聚光燈般極不恰當地投在一副中世紀騎士的盔甲上，那盔甲立刻變得活靈活現……相信當初古堡的設計者不是一位室內裝潢設計的笨蛋，就是一位恐怖建築設計的天才。

在角樓的設計中，設計者倒是盡職盡責於防禦功能的完備：無數活動的樓板內都暗藏玄機，連接角樓的長廊上布有角度計算精密的箭孔，絕對沒有射擊死角。看來闖入這裡的歐洲騎士們是無人能夠倖免的。

不斷移步換景，破敗搖晃的古桌恐怖，雕飾精美的家具也恐怖；點燃搖曳的燭火恐怖，熄滅蠟燭的黑暗更恐怖。人行走在其間，恐怖感便慢慢地、絲絲縷縷地增長，讓人最終不堪忍受。這種感覺被好奇心和冒險意識牽引驅動，在每一扇被緩緩推開的門後面得到證明。這種恐怖感源於一種強烈的自我暗示，源於進入古堡的大門邊豎起的木牌：此堡禁止夜間進入！

·古堡　　檔案·

◆ ｜國家｜：羅馬尼亞
◆ ｜始建年代｜：1377年
◆ ｜英文名稱｜：Dracula's castle
◆ ｜相關人物｜：弗拉德三世·采佩什、德古拉伯爵

被詆毀的暴君

儘管城堡的每一個角落都沉默無言，但彷彿寸寸空間都銘刻著一個名字——德古拉，隨手拿起的每一件銀器都清晰地告訴你，它是屬於這位神祕主人的物件。德古拉伯爵是西方文學史上大名鼎鼎的吸血鬼，1897年由愛爾蘭作家斯托克在小說《德古拉》中創造。在小說中，王子是神聖羅馬帝國龍騎士團的成員，為捍衛教會而出征，當他在戰場上奮勇殺敵時，狡猾的敵人卻用響箭把他的死訊射入城中。誤信他已死的未婚妻伊麗莎白公主投河殉情，待到王子九死一生回到城堡，見到的只有聖殿上公主等待下葬的屍體。悲痛欲絕的王子把利劍投向十字架，指責上帝對他不公。十字架汩汩地流出血來，悲憤的王子飲下此血，將靈魂賣給魔鬼，宣佈與上帝為敵，化身為嗜血殺生的吸血鬼，他肉身不毀，呼風喚雨，殘忍成性。

小說主人翁的原型是15世紀羅馬尼亞瓦拉幾亞公國大公弗拉德三世·采佩什。小說中的德古拉形象有著驚人的藝術魅力，以至於後人將歷史與傳說混為一談。歷史上的采佩什於1431年出生在特蘭西瓦尼

🔱（左圖）吸血鬼德古拉伯爵

德古拉是世界上最著名的吸血鬼，他長生不老，面容蒼白，嘴角藏著獠牙，以吸食人的鮮血為生。

🔱（右圖）一輛馬車在山道上疾馳，不遠的前方就是神祕而恐怖的德古拉城堡。是誰敢在這樣的月夜前往吸血鬼的巢穴，恐怕只有德古拉本人。

亞的錫吉什瓦拉城。但他並不是神聖羅馬帝國龍騎士團成員，他的父親弗拉德·塔古勒才是。采佩什5歲的時候，父親投靠異教的土耳其人，被封為瓦拉幾亞親王。這可能是小說中德古拉與基督教會決裂這一情節的靈感來源。作者將一些發生在采佩什父親身上的事情嫁接到了德古拉身上。

1447年，弗拉德·塔古勒被暗殺，采佩什繼任瓦拉幾亞親王。在執政的29年間，他推行富國強兵的國策，遠交近攻，連年征戰，多次在多瑙河邊擊潰實力遠遠超過自己的土耳其軍團，捍衛了羅馬尼亞的安全。客觀地說，歷史上的采佩什是一位有為的君主，也是一位民族英雄。

1459年，鄂圖曼土耳其帝國派人來催繳歲貢，采佩什竟命人將來使釘死在木樁上，至此與鄂圖曼土耳其帝國徹底決裂。當時的鄂圖曼土耳其帝國與法國、神聖羅馬帝國並列為歐陸三大強國，采佩什反抗鄂圖曼土耳其帝國的非凡勇氣，在當時歐洲的君主中是少見的。但采佩什在整肅社會風氣、要求人民和貴族對自己效忠方面都太極端。傳說在采佩什

執政時期，為湊足連年征戰的軍需，人們連在德古拉城堡周圍的路上行走都要被徵稅，士兵每晚到城堡四周巡查，遇到不守規矩的人就抓到城堡內嚴懲，這其中難免有人冤死。僥倖生還的人會添油加醋地把城堡裡的種種恐怖描繪一番。德古拉城堡漸漸成了人們心目中的龍潭虎穴，采佩什本人也就成了魔王。雖然如此，吸血鬼的說法應該是采佩什的敵人對他的汙衊，而非羅馬尼亞人民的看法。因為吸血鬼（Strigoii）這個詞來自斯拉夫語系，而羅馬尼亞語不屬於斯拉夫語系。

心與肉體冷如寒冬

1462年，采佩什與土耳其軍團展開大戰，後因盟友的背叛敗退至首府布加勒斯特，並身受重傷。有人傳聞他在這一年死去，顯然他的妻子也相信了這種說法，從德古拉城堡的塔樓上墜樓身亡。這件事在小說中演變成公主投河自盡的情節。采佩什的生死成了一個謎。有人認為他當時並沒有死，還輾轉回到了德古拉城堡，結果那裡成了他一生中最悲傷的地方，因為他在此地聞得愛妻的死訊。14年後，他又出現在與鄂圖曼土耳其的一次大戰中，在戰至最後一兵一卒後壯烈犧牲，葬於羅馬尼亞境內的斯那可夫修道院。他死在一個心與肉體同樣冰冷的冬天。

弗拉德三世‧采佩什一生都在為民族而戰，但在小說中德古拉被說成為教會而戰，這也許是因為信仰天主教的愛爾蘭作家不是很理解東正教信仰。在他眼中，東正教教義中對基督之血的崇拜和飲血的儀式都相當神祕，有很強的異教色彩，因此以采佩什為原型杜撰出吸血鬼的故事。

對吸血鬼的迷信，可以追溯到古希臘時代，在14世紀「歐洲瘟疫大流行」時期登峰造極。黑死病肆虐之下，人們一戶一戶甚至一村一村地死去，修女們也找不到足夠的人手來照顧病人。有些人尚未死去就誤被入棺，停屍數日後再次打開棺材時，死者臉上、身上、脖子上常常滿是抓破的血痕，人們便傳言說是吸血鬼來訪。其實那是死者被釘在棺木裡窒息掙扎抓破的。

神聖羅馬帝國龍騎士團

14世紀下半葉，許多歐洲國君開始組建屬於自己的騎士團以拱衛王座，成員大多是其他邦國的國君、封臣、貴族、驍勇之士。神聖羅馬帝國龍騎士團建立於1408年，共有24名成員蒙召加入。1408年12月13日，龍騎士團的憲章公布，要求騎士們獻身於捍衛十字架，打擊基督的敵人，對抗鄂圖曼土耳其異教徒和胡斯教徒（土耳其人信仰伊斯蘭教，而胡斯教徒倡導對基督教進行改革）。團徽的標誌是一條首尾相連、盤踞在燃燒的十字架上的龍。

達文西的埋骨之地

——昂布瓦斯城堡

　　昂布瓦斯城堡可以說是法國文藝復興的發祥地，它是15世紀～16世紀最先進的建築之一，也是第一座文藝復興風格的王室城堡。這裡不但埋藏了幾個世紀以來法蘭西宮廷的祕密，還埋葬了一位絕世天才——達文西。

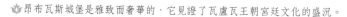

撞破頭的查理八世

　　羅亞爾河谷地區大都一馬平川，唯獨在昂布瓦斯這裡突兀起一座小山，而最初的昂布瓦斯城堡就建在這裡。昂布瓦斯城堡的建築史最早要追溯到羅馬時代，那時它還是一個純粹軍事化的要塞堡壘。14世紀～16世紀，統治法國的瓦盧瓦王朝的國王們看中了羅亞爾河谷的優美景色以及易守難攻的地形，開始將宮廷遷移到這裡，而昂布瓦斯城堡也成為一座王室城堡。

　　瓦盧瓦王朝嫡系最後一個國王查理八世就出生在這座古老的城堡

🌸昂布瓦斯城堡是雅致而奢華的，它見證了瓦盧瓦王朝宮廷文化的盛況。

·古堡　　　檔案·

◆｜國家｜：法國
◆｜始建年代｜：不詳
◆｜英文名稱｜：Amboise Castle
◆｜相關人物｜：達文西、凱瑟琳·德·美第奇

中。不知是否是因為在這裡有著美好童年記憶的原因，查理八世成年後，在這裡大興土木，把古老的城堡擴建成了一座歌德風格的宮殿。城堡內側的兩座40多公尺高的塔樓巍峨壯觀，可供馬車上下，這在當時的歐洲是最先進的建築之一。而這只是查理八世擴建計畫的一部分，這個宏大的改造工程令當時見多識廣的佛羅倫斯大使也感慨不已：「這位國王想修的是一座城，而不是一座城堡。」如果查理八世不是因為意外而英年早逝的話，昂布瓦斯城堡的擴建計畫一定還會持續下去。

查理八世是在昂布瓦斯城堡居住時間最長的法國國王，他在這裡和自己的妻子——以整個布列塔尼公國作為嫁妝的安妮公主——舉行了隆重的婚禮，此後兩人在這裡度過了7年的時光。直至今日，城堡上依然飄揚著兩面不同的旗幟：代表法國的繡著百合花的藍色旗和代表布列塔尼公國的白色黑紋旗。

1498年，年僅28歲的查理八世在昂布瓦斯城堡去世。根據公認的說法，查理八世的死因是撞破了頭。據記載，1498年4月8日，即復活節的前一天下午，查理八世和安妮王后準備去城堡外觀看一場網球比賽，在他們經過城堡中一條陰暗而又十分低矮的走廊時，查理八世不慎將額頭撞在走廊的頂梁上。他當時似乎並沒有感覺十分不適，因為這個意外並沒有掃了他觀看網球比賽的興致。但是到了下午約2點鐘，查理八世突然向後跌倒，昏迷過去，到了夜裡11點左右便去世了。查理八世沒有男性繼承人，於是安妮王后按照婚姻合約再次結婚，嫁給了查理八世的繼任者、他的表兄路易十二。在查理八世的基礎上，路易十二繼續對城堡進行整修。

達文西最後的歸宿

路易十二和他的前任查理八世一樣沒有男性後嗣，因此選定了他的表弟弗朗索瓦作為繼承人，並在昂布瓦斯城堡迎接他們的到來。4歲的弗朗索瓦和母親、姊姊一起來到昂布瓦斯。在這裡，弗朗索瓦度過了他的童年時光，他和姊姊瑪格麗特一起在這裡研讀了許多書籍，也就是在這裡，他第一次感受到了義大利的文藝復興藝術的魅力。1515年，弗朗索瓦登基成為法王弗朗索瓦一世，並親征義大利，但他的遠征失敗了。軍事上的不利使得原本就熱衷於藝術的他更徹底拜倒在義大利文藝復興的輝煌成就之下。

回國後，弗朗索瓦一世從義大利請來了許許多多建築師、園藝師、雕刻家、鑲嵌師、金銀匠、畫家、織工、裁縫等，將昂布瓦斯城堡按照義大利風格進行了改建和裝飾，義大利文藝復興時期的建築藝術和裝飾風格從此被帶到了羅亞爾河畔。正是在他的手中，昂布瓦斯城堡迎來了它最輝煌的時刻。

今天人們所看到的昂布瓦斯城堡其實只是它被毀後留下的一部分殘跡，但這片殘跡依然稱得上是全羅亞爾河谷最

雄壯威嚴的建築之一。在16世紀，昂布瓦斯城堡的規模是如今的5倍。愛好藝術的弗朗索瓦一世在昂布瓦斯城堡中舉辦了無數盛大宴會、比賽和狩獵表演，而他的身邊則圍繞著許多那個時代著名的法國文豪、學者，如：拉伯雷、比埃爾‧德‧龍薩、若阿西姆‧杜‧貝萊等，也有許多義大利的著名藝術家、畫家，如：達文西、拉斐爾、提香等人。

義大利文藝復興的巨匠達文西是在弗朗索瓦一世登基的第二年，也就是1516年應邀而來的，當時的大師已經是64歲的老人。弗朗索瓦一世對達文西的到來興奮不已，立即將距離昂布瓦斯城堡僅數百公尺的克勞斯‧呂斯城堡贈予達文西，並每月提供給達文西700金幣的俸祿，希望他能夠在昂布瓦斯自由想像，隨意創作。在這座舒適的城堡中，達文西終於有條件整理了他積累幾十年的手稿、筆記和設計圖紙。除了繪畫和整理手稿之外，達文西還為弗朗索瓦一世設計了著名的香波城堡，講授天文、物理、建築、醫學等方面的課程，並策劃和組織了幾場大型的宴會活動。

達文西生命中的最後三年就是在此地度過的。這三年對達文西來說，也是一生中非常難得的幸福時光，弗朗索瓦一世對他的關照無微不至，甚至稱他為父親。這段時間內，達文西將他所有的創作和靈感全部奉獻給了弗朗索瓦一世。1519年5月2日，達文西在弗朗索瓦一世的懷中去世。根據大師的遺願，弗朗索瓦一世將他安葬在自己居住的地方——昂布瓦斯城堡。如今人們進入這座城堡，首先看到的便是一代巨匠安眠的聖‧于貝爾禮拜堂。在繁華落盡的昂布瓦斯城堡中，早已沒有了雄心勃勃的帝王、權勢熏天的大臣和風姿綽約的貴婦們的身影，他們已被遺忘在歷史中，而這座城堡卻成為了一位絕世天才和一個偉大時代的紀念碑，永遠存留在人們的心中。

昂布瓦斯陰謀

作為法國曾經的權利中樞所在地，昂布瓦斯城堡中不止一次上演過血淋淋的恐怖戲碼。弗朗索瓦一世曾在城堡的塔樓裡暗殺不同政見者，弗朗索瓦二世則

＊達文西的神奇設計

關於達文西，學者們說：「達文西的悲劇在於：在那個蒙昧的時代，四周一片黑暗，周圍的人都在沉睡，可是他已經醒了。」

現在，在達文西安享晚年的克勞斯‧呂斯城堡中有一個小小的博物館，這裡保留著達文西當年的客廳、臥室、工作間，一切都按照400多年前達文西在這裡生活時的情景佈置。最令人激動的是，在這裡，人們可以真真切切地感受到400多年前這位「巨人中的巨人」難以超越的智慧和想像力。在白石紅磚巧妙堆砌的小樓中，展示著40多種由IBM公司根據達文西的設計圖紙製作的不可思議的機器，其中有飛行器、降落傘、機關槍、坦克等，遊客們甚至可以操作其中部分機器，用雙手觸摸五個世紀前那位大師的智慧之光。

在城堡的陽台上吊死叛黨。而更為血腥的，則是對新教徒的屠殺。就是在這座城堡的陽台上，法王亨利二世年輕的王后凱瑟琳‧德‧美第奇看著新教教徒被綁住手腳扔進羅亞爾河裡，而她腳下的陽台的鐵欄杆上掛著仍在滴血的頭顱。

　　1559年，亨利二世意外身亡，年幼的王子弗朗索瓦二世繼位為王。弗朗索瓦二世體弱多病，意志薄弱，於是大權旁落，國王淪為了信奉天主教的吉斯家族的傀儡。吉斯家族大肆打壓新教教徒。1560年3月，信奉新教的貴族不甘失敗，策劃了後來被稱為「昂布瓦斯陰謀」的計畫，企圖將弗朗索瓦二世劫持出昂布瓦斯城堡，不料半途被國王的軍隊發現，計畫失敗。於是吉斯家族開始大肆屠殺新教教徒，在幾週的時間內，大批信仰新教的貴族被押到昂布瓦斯城堡中處決，並將他們的屍體掛在城堡窗外的鐵欄杆上示眾，昂布瓦斯城堡中一片腥風血雨。據說當時的屍體實在太多，腐爛後散發的臭氣使人難以忍受，宗教法庭不得不暫時遷往他處。

　　天主教徒對新教教徒的屠殺並沒有就此停止，反而越演越烈，身為王太后的凱瑟琳雖然信奉天主教，但她不願吉斯家族坐大，於是在1562年1月發布赦令，對胡格諾派表示寬容。然而此舉招致了吉斯家族的強烈不滿，3月，吉斯家族的格魯伊斯公爵藉口一個小男孩向他扔石頭而血洗了整個瓦西鎮，1200名新教教徒被殺。新教徒憤然起義，由此爆發了席卷整個法國的宗教戰爭。此後的36年中，法國一共爆發了8次宗教戰爭，幾十萬人因此而死。

1572年8月24日，天主教暴徒大肆屠殺胡格諾派教徒，史稱「聖巴托洛繆大屠殺」。大屠殺後，凱瑟琳‧德‧美第奇視察成堆的屍體。

沾染血淚的風景
——埃爾米納奴隸堡

描述這裡的任何文字、任何語言無不沾染著斑斑血淚，這座城堡的儲藏物從最初的黃金變成了後來的「黑金」——奴隸。一批又一批掠奪者在這裡獲得了無盡的財富，但在黑人眼中，這些財富只有一種顏色——血紅！地理大發現時代裝載在一艘又一艘帆船上抵達歐洲的貨物其實只有一種——非洲人民的鮮血。

◤殖民者貪婪的腳步

非洲西部南臨大西洋幾內亞灣的迦納共和國是第二次世界大戰後撒哈拉以南非洲地區第一個獲得獨立的國家，這裡盛產黃金、鑽石，獨立前殖民者稱這裡為「黃金海岸」。在迦納562公里的海岸線上，一共有42座城堡、碉堡及其遺跡，這些建築物並非當地居民所建，而是當年的殖民者為掠奪非洲大陸的黃金和奴隸而建的橋頭堡、中繼站和物資倉庫，黃金海岸的每一寸土地上都沾滿黑奴的心酸血淚。

在這42處堡壘中，修建最早、規模最大、保存最好的是埃爾米納奴隸堡。這座堡壘位於迦納首都阿克拉西南方大約150公里處，始建於1482年。

1469年，葡萄牙國王阿方索五世與斐南多·戈麥斯簽訂了一項合同，以幾內亞海岸的貿易權為代價，委託戈麥斯每年從塞拉利昂向南探索新海岸線100里格（里格

🌸埃爾米納奴隸堡
在歷史上，這座城堡幾易其主，曾先後是葡萄牙、荷蘭、英國等殖民者的殖民據點。

是古時航海所用的長度單位）。就是這個合同，使非洲南部的人民陷入了長達400年的悲慘境地。在巨大利益的驅動下，戈麥斯認真履行了合同條款，第二年，他的兩艘船便到達了迦納海岸。從此以後，無數西方殖民者紛紛登上這片遍地黃金的土地，以他們的方式與當地人進行「交易」——用殺戮換取財富。

1475年，合同到期，葡萄牙王室頒給立下汗馬功勞的戈麥斯一枚勳章，並授予他「米納」（Mina）的稱號，意為「礦藏」。為了壟斷黃金海岸的貿易，葡萄牙人極力誇大這條航線的危險。此外，葡萄牙國王還決定在黃金海岸修築一處據點以保證自己的軍事優勢。1482年1月，由阿贊布雅率領的船隊載著500名水手和100名工匠、建築師以及大量的梁木、椽條、石灰等材料，抵達了黃金海岸。上岸後，阿贊布雅哄騙當地酋長同意他們租用本亞河口的一塊土地，在其上修築城堡，租金為每月兩盎司（約56.7克）黃金。

就在當年，整座城堡全部竣工。它三面環水，面向陸地的一面以高牆深壑環繞，城內多達4層的主炮塔和兩側6個炮台構築了堅固的防禦體系。葡萄牙人將這座城堡命名為聖喬治·德·埃爾米納堡，意思是「聖喬治守護的礦藏之堡」，後來佔領這裡的英國人將它簡稱為埃爾米納堡。

·古堡　　　　檔案·

- ▌國家▐：迦納
- ▌始建年代▐：1482年
- ▌英文名稱▐：Elmina Castle
- ▌相關人物▐：阿贊布雅、普列姆佩一世

為了將這裡變成真正的殖民地，阿贊布雅向當地黑人頒布了許多制度和法令，並用鐐銬、絞架和槍炮來維護他的統治。

埃爾米納堡的落成使葡萄牙在非洲海岸擁有了第一座橋頭堡和中轉站，運輸效率大大提高，從此以後，絡繹不絕的船隊不斷地從這裡將黃金和象牙運往歐洲。

◆血腥的奴隸貿易

到了哥倫布發現新大陸的時候，黃金海岸的黃金已被貪婪的殖民者搜刮殆盡，可殖民者又在這裡發現了新價值——黑奴。埃爾米納奴隸堡優良的地理位置使它成為了幾內亞地區的奴隸貿易集散地，每年從這裡運出的奴隸多達1萬人，而這種狀況持續了將近400年。1637年，荷蘭人從葡萄牙人手中搶過了這座城堡，200多年後又被英國人搶走。城堡的主人換了一代又一代，而奴隸們則世世代代重複著他們的悲慘命運。

埃爾米納奴隸堡中牆壁的斑斑血跡至今依稀可見，關押奴隸的黑牢不足60平方公尺，而一般情況下關著200多人，最多的時候甚至同時塞

不歸之門

距離埃爾米納奴隸堡16公里處，有一座名為海岸角的城堡，這座城堡是在埃爾米納奴隸堡建成200年之後由英國人建造的。

海岸角城堡中有一座著名的不歸之門，從15世紀末到19世紀初，數千萬黑奴從這裡登上奴隸船，踏上了幾個世紀的不歸之路，在前方等待著他們的是悲慘的命運。滅絕人性的奴隸貿易給非洲造成了巨大的災難，沒有一個走出不歸之門的黑人還能在有生之年再次看到他魂牽夢縈的故鄉。300多年的奴隸貿易，使超過1億的非洲人在遠離故鄉的土地上飽經苦難。1998年，一位黑奴的遺骸被他的後人從美國運回到迦納，他終於安息在了故鄉的土地上，這裡不再有凶惡的奴隸販子，他的後人們也不再因自己的膚色而擔驚受怕，他們終於可以在陽光下昂首闊步。從那之後，這扇「不歸之門」被改名為「回歸之門」。

進400名奴隸。這樣的牢房在城堡中共有15間，每間的牆上只開有兩三個通風用的小窗，另一面牆上則有用於竊聽奴隸談話的孔道，奴隸的飲水和排泄都在地面上一條寬約30公分的水溝內。被關在黑牢裡的奴隸無法躺下或走動，只能一個挨一個地蹲坐。潮濕、骯髒、擁擠和飢餓使奴隸們極易患病，為了避免傳染，一旦看守發現有奴隸生病，就會把他活活拋進大海。城堡二樓關押女奴的牢房環境稍好一些，但也僅限於通風和採光而已，牢房的屋頂上開有一個洞，以便奴隸主挑選美貌的女奴供其玩弄。

阿散蒂王的金凳子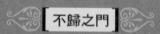

在埃爾米納奴隸堡中有一間名為「普列姆佩之室」的小屋，這裡曾經關押著阿散蒂王國的國王普列姆佩一世。

阿散蒂王國創建於17世紀末，是一個由許多小部落聯合組成的王國，國王由所有部落的酋長們共同推選。象徵著阿散蒂王權威的是一把小小的金凳子，每個阿散蒂王登基時，所有部落的酋長和母后（酋長正妻）都要剪下一點指甲和頭髮，燒成灰燼後塗抹在金凳子之上，以示對新王權威的認同。阿散蒂王國建立後，不斷地吞併著周圍大小部落，經過了五六代國王的努力，到了19世紀初，領土已經擴張到了沿海地帶，直接威脅到了英國人在這裡的統治。

1824年，英國總督查爾斯·麥卡錫親自率領一支2500人的部隊攻打阿散蒂王國，結果全軍覆沒，麥卡錫自殺，他的頭顱被作為戰利品送到阿散蒂王國的首都庫馬西。兩年後，阿散蒂王國在對親英部落的戰爭中戰敗，並被迫同英國人簽訂和約，賠償英國人的戰爭損失。從此，阿散

蒂王國開始由強盛轉向衰落。後來，英國人又多次向阿散蒂王國發動戰
爭，1896年1月，英國黃金海岸總督威廉·馬克斯韋爾逮捕了阿散蒂國
王普列姆佩一世以及他的家人、大臣和酋長共計56人，將他們關押在埃
爾米納奴隸堡中。4年後，普列姆佩一世被流放到塞拉利昂，之後又被
送至印度洋上的塞席爾群島。

　　在這段時間內，英國人並沒有停止對阿散蒂王國的侵略。1900年，
英國新任總督阿諾德·霍奇森要求阿散蒂王國交出金凳子，並選他為國
王。50多歲的埃吉蘇部落母后雅·阿散蒂娃提出要用金凳子交換普列姆
佩一世，被霍奇森斷然拒絕。阿散蒂人忍無可忍，將霍奇森包圍在庫馬
西的城堡中，不料狡猾的霍奇森帶領幾個親信逃出了城堡，然後立刻調
集軍隊剿滅阿散蒂反抗軍。8個月後，阿散蒂人戰敗，阿散蒂娃被俘，
後被流放至塞席爾群島並在那裡去世。兩年後，缺乏有力領導者的阿散
蒂王國被正式劃歸為英國的殖民地。

　　雖然無力再對英國人發起大規模的武力抗爭，但阿散蒂人從未屈服
於自己的命運，他們將金凳子妥善地安置在隱祕的地方，並且堅持要求
英國人釋放他們的國王。1924年，離開故土28年的普列姆佩一世終於被
釋放，他忠實的臣民們為他舉行了熱烈的歡迎儀式。最初英國人並不承
認普列姆佩一世的國王地位，阿散蒂人對此非常不滿，強烈要求英國政
府恢復普列姆佩一世的國王身分。對英國人來說，當時的阿散蒂王國已
經不再對其構成
威脅，因此在兩
年後，英國總督
終於同意普列姆
佩一世重新成為
國王，金凳子也
重新由民間回到
了王宮之中。

　　直到今天，
阿散蒂王國依然
存在於迦納共和
國之中，也依然
存在著國王。而
金凳子則成為了
迦納的國寶和民
族獨立與自由的
象徵。

一大群黑奴被關在一個屋子裡，他們中的很多人還是孩子。奴隸貿易給西方帶
來了巨額財富，卻讓整個非洲都在滴血。

海盜王的復仇

——聖胡安堡壘

聖胡安曾是西班牙的殖民地，為宗主國帶來了大量財富。有一天，這個平靜的海灣迎來了一隊英國商船，之後，西班牙總督錯誤地殺害了英國商人，一名死裡逃生的英國青年從此成為海盜，用餘生掀起對西班牙的殘酷復仇。看一看滄桑的聖胡安堡壘，你會明白，這一切不幸並非巧合。

富饒引人覬覦

聖胡安是波多黎各的首都，該國第一大城市，位於波多黎各諸島的東北部，這裡有著天然良港。1493年11月，哥倫布最先發現這個群島並登陸，受到當地印第安土著人的熱情款待。當地人天真地將昂貴的財寶送給遠方的來客，反而激起了歐洲人的狼子野心。西班牙人的堅船利炮征服了這裡後，哥倫布留下了麾下的一員大將胡安·龐斯·德里昂鎮守此地，從此該島被命名聖胡安。

在胡安·龐斯·德里昂的經營下，當地原始的經濟迅速資本主義化，一船船的金珠細軟、菸草、可可等被運往母國，宗主國西班牙從這裡掠奪了驚人的財富。同時，波多黎各南鄰加勒比海，扼守大西洋黃金水道，優越的地理位置也協助西班牙奠定了海上霸主的地位。

西班牙從殖民地大發橫財的行徑，激起了英國、法國和荷蘭等歐洲強國的嫉妒和不滿。無奈這些國家當時的海軍實力實在無法與盛極一時的西班牙抗衡，於是多國慫恿歐洲海盜、加勒比海盜不斷騷擾聖胡安，零零星星也有不少財富得手。1539年，不勝其煩的西班牙國王終於痛下決心，開始在聖胡安修建堅固的防禦工事——聖胡安堡壘。

·古堡　檔案·

◆ |國家|：波多黎各
◆ |始建年代|：1539年
◆ |英文名稱|：Forts of Old San Juan
◆ |相關人物|：德雷克

🌸 聖胡安堡壘

整座堡壘直至1589年才修築完工，成為西班牙人的軍事基地。在之後的幾個世紀裡，英國人、法國人、荷蘭人都曾攻占過這裡。

聖非利佩‧莫羅古堡防止了海盜們來自海上的襲擊，而北岸的聖‧克里斯托瓦爾古堡則被用來防禦陸地上的進犯。聖‧克里斯托瓦爾古堡占地11公頃，自1634年開始建造，堡內包含5座壁壘，如今地面上還留有當年的兵營、火藥庫、掩體的遺跡，地下的暗道、陷阱、迷宮、地牢更是交錯縱橫，密如蛛網。

從遙遠大海上駛來的艦船，遠遠就可以看見聖胡安堡壘的燈塔。在歷史上，城堡曾經遭受到眾多海盜的劫掠，而1595年弗朗西斯‧德雷克爵士的攻城是聖胡安堡壘最驚心的夢魘。

城堡抵禦海盜

今天的聖胡安堡壘的最外層沿海而築，古城牆高42.7公尺、厚6.1公尺，它圍繞著聖胡安舊城區全城。整個聖胡安舊城呈三角形，在三角形的三個頂點上建有3座城堡——福塔萊薩古堡、聖非利佩‧莫羅古堡和聖‧克里斯托瓦爾古堡。

穿過聖胡安堡壘狹小的城門，就可見到福塔萊薩古堡。它保護著港口通往胡安鎮的入口，建於1533年，當年為駐軍指揮官的住所。

建於1539年的聖非利佩‧莫羅古堡位於島嶼最西端，它雄踞在陡峭突出的岩壁上，任由波浪在它的腳下肆意狂拍。堡的一側是聖胡安灣，另一側則是布滿蒼涼海邊墓地的海灘。聖非利佩‧莫羅古堡外層是炮台，經過精心設計的台階和坡道，逐級提升城堡的高度，直到海平面一百公尺以上。站立於此，憑海臨風，令人驚心動魄。

爵士浪尖復仇

弗朗西斯‧德雷克本是英國德文郡一個貧苦農家的子弟，他靠個人奮鬥從一名船上的學徒成長為經驗豐富的水手，並最終成為了一艘商船船長。1568年，德雷克和他的表兄約翰‧霍金斯在駛往墨西哥的途中遭遇風暴，船隻被滔天大浪損毀嚴重。大約6月15日黃昏時分，兩人的艦船慢慢接近了聖胡安港，他們急需靠岸修理船隻和補給淡水。但是當時的西班牙殖民地是禁止英國船隻停靠的。

為了能順利上岸，德雷克換上了假

✤（左圖）1579年，女王伊麗莎白一世親自登上德雷克的艦船「金鹿」號，授予德雷克騎士爵位和騎士勳章。

✤（右圖）英西大海戰

1588年夏，西班牙的「無敵艦隊」與英國海軍在英吉利海峽展開了一場大規模海戰。戰爭結束時，西班牙損失了100多艘船和1.4萬名官兵，英國則取代西班牙成為新的海上霸主。

的船旗，冒充西班牙船隻。等到船進了港口，城內的人才發現這是一艘英國船，於是報告了西班牙總督。

西班牙總督對於英國船隻冒充本國船隻入港大為緊張，德雷克一行人只得一再解釋說：「修理好船隻後，我們就馬上離開。」西班牙總督勉強答應。但是幾天之後，總督突然反悔，下令將英國船員全部處死。只有德雷克和表兄霍金斯經過九死一生，逃離海島。這件事對德雷克造成了極大打擊，他怎麼也想不通西班牙人為什麼要屠殺無辜的英國商人。這件事也成為了他人生的轉折點：他開始痛恨西班牙人，並決心用畢生復仇，於是從一名普通的商人變成了一名海盜。

1570年至1572年，德雷克率領船隊不斷在大西洋上打劫西班牙商船。因為當時英國與西班牙是敵對關係，德雷克的行為竟使得他在英國國內聲名鵲起，成了一位民族英雄。1572年，德雷克受到了英國女王伊麗莎白一世的召見。女王對他說：「德雷克，我命令你為我洗去西班牙多年來加諸在我身上的恥辱。」

1577年，德雷克又一次出海，他的目標還是西班牙商船。1579年9月26日，當他回到英國時，攜帶了大約50萬英鎊的財物，相當於英國王室全年的收入總和。伊麗莎白女王親臨艦隊慰問，並在甲板上為德雷克封爵。

英國海盜在大西洋上越戰越勇，使得西班牙國王坐不住了，一項以

伊麗莎白女王為目標的暗殺行動被悄悄策劃出來。當刺客接近女王時，卻被人識破了。這件事不知為什麼被算到了蘇格蘭女王瑪麗一世的頭上，致使這位有「世上最美的瑪麗」之稱的女王於1587年被伊麗莎白女王處死。

暗殺不成，惱羞成怒的西班牙對英國宣戰了。當時英國海軍只有34艘戰船，根本沒法和強大的西班牙海軍抗衡。就在千鈞一髮的時刻，德雷克率領25艘海盜船趕來救援女王。沿著西班牙海岸線，德雷克擊沉了69艘西班牙戰艦，損失無可估量。西班牙人嚐到了海盜王的厲害。

1588年7月21日，英西大海戰正式開戰。西班牙派遣了一支由130艘船艦組成的艦隊排布在英吉利海峽。英國方面有34艘皇家船艦和60艘海盜船艦，統帥是伊麗莎白女王的表叔霍華德爵士。霍華德爵士雖然不懂得如何打海戰，但他並不忌諱德雷克的海盜身分，直接任命他為副統帥，任命德雷克的表兄霍金斯為先鋒司令官。陣前受命的德雷克兄弟兩人感覺真正向西班牙人復仇的機會來了。

雖然這場海戰只持續了3天，卻是一場決定著英西兩國命運的海戰。作為海盜王，德雷克瞭解大海，瞭解船隻，更重要的是瞭解人性。在當時，航行大海的水手屬於下層人民，雖然他們以無畏的勇氣征服了大海，但囊中積攢不了銀幣。德雷克向他船艦上的水手們承諾：「每打一天，我就付給你們每人4個便士的酬勞。」這對於窮苦的勞工來說，可是一大筆錢，所以水手們鬥志高昂。經此一役，英國徹底擊垮了西班牙海軍，奠定了自己大西洋霸主的地位。西班牙海軍從此一蹶不振。

城堡美景依舊

今日的聖胡安堡壘內有許多歐式的小別墅，被漆成耀眼的純色調，雅致的路燈和黑鐵雕花陽台，看上去會讓人誤以為這裡是歐洲。闊葉的雨林提醒著人們這裡是地球的另一邊，一個美麗的新世界。城堡中有座羅加迪瓦廣場，那裡的銅雕講述了一個真實的故事。1797年，當地人與英國人作戰時，一位主教帶領原住民高舉火把，唱起聖歌，敵人以為是增援的部隊，就被嚇跑了。

悶熱的夏日裡，在露天廣場上，無所事事的人們常常支起桌子玩多米諾骨牌，用冰鎮果汁、蘭姆酒、海風和真正悠閒的消遣來擺脫加勒比之夜的酷熱。

英西大海戰後，德雷克還是沒有放開對西班牙人的仇恨，繼續著自己罪惡的海盜營生，這成了一場無止境的復仇。1595年，他洗劫了聖胡安堡壘。海盜的生涯最初也許只是因為窮孩子渴望財富和不朽的聲名，但到最後，仇恨的念頭本身成為他戰鬥和活下去的動力。到了這樣的時刻，海盜的命運也即將休止。半年後，德雷克在巴拿馬病逝。英國有首兒歌叫《德雷克的鼓》，大意是說：女王蒙難，就敲響德雷克的鼓，他一定會回來拯救祖國。咚咚的鼓聲敲響，海盜王卻不再回來。

多情女王 華美傳奇

——愛丁堡城堡

400 多年前，愛丁堡城堡內曾居住著一位悲情女王。她是當時世界上最美的女人，出生6日即握住王國的權柄。從一個王子到另一個王子的婚約，無憂無慮的少女時代後即年輕守寡；被人民推上王位，成為斯圖亞特王朝的第一位女王，卻又被人民反對。她真的曾謀殺丈夫嗎？無數的傳說圍繞著「公主中的公主」——一代女王瑪麗·斯圖亞特。

雄踞峰巔 絕世獨立

　　愛丁堡城堡高踞在愛丁堡城中一座135公尺高的死火山花崗岩頂。在蒼涼的上古時代，這裡大概居住著信奉巫術的古凱爾特人。然而從11世紀起，這裡便成為了蘇格蘭王室的居住地。至今城堡內還有蘇格蘭駐軍，高高的牆垛上依然架著一排排烏黑大炮，時刻準備俯擊福思灣河。歷經1000年血與火的考驗，愛丁堡城堡象徵著蘇格蘭人不屈的民族魂。

　　城堡中有一座著名的荷里路德宮，1498年由蘇格蘭國王詹姆士五世建造。來到這裡，有個女人的故事不能不提，她就是詹姆士五世唯一的小公主瑪麗·斯圖亞特。她是斯圖亞特王朝的第一位女王，執掌蘇格蘭政權期間，一直居住在愛丁堡內。她被稱為「公主中的公主」，一生唯美華麗，悲情傳奇，古往今來不知為多少詩人、戲劇家們提供了素材。

🌸愛丁堡城堡的建築歷史最早可以追溯到西元前850年，現存最古老的部分是1150年建造的。

被詛咒和被祝福的

在童話中，美麗而純潔的公主往往遭到壞女巫的詛咒；在現實中，小公主瑪麗被父親詛咒了。1542年12月8日，在聽聞小公主誕生的消息後，國王詹姆士五世說：「魔鬼附在她的身上。魔鬼隨她而來，也將隨她而去。」6天之後，國王就死了，他大概是真的感應到了什麼。

1543年9月9日，10個月大的瑪麗·斯圖亞特身著改小了的皇袍加冕。侍臣們跪在地上手忙腳亂地扶住她，以防她從王位上滾下來。莊重的加冕誓詞宣讀過後，有人代瑪麗回答：「願意。」接著就要脫掉她身上的衣服施塗油禮。因為天氣很冷，小瑪麗開始哭泣。施塗油禮這個環節說明了瑪麗信仰的是傳統天主教，或者說周圍的人給了瑪麗這種信仰，這對瑪麗的未來影響極大，因為16世紀正是天主教與新教鬥爭異常激烈的時期。繼位後，她成為蘇格蘭女王瑪麗一世，但由

·古堡 檔案·

◆ |國家|：英國
◆ |始建年代|：約前850年
◆ |英文名稱|：Edinburgh Castle
◆ |相關人物|：瑪麗·斯圖亞特

叔叔詹姆士·漢密爾頓伯爵和王太后攝政。根據《格林威治條約》，瑪麗應該在1552年，也就是10歲時與英格蘭國王亨利八世的兒子愛德華王子結婚。瑪麗的母親曾強烈反對這門親事，如今身為攝政王太后，立刻宣佈不會履行條約。

亨利八世勃然大怒，旋即派兵攻打愛丁堡，情勢一度相當危急，以至於瑪麗的母親不得不將她藏在斯特林城堡中的密室裡。次年，大軍攻至福斯灣，已

然兵臨城下，但大臣們束手無策。碰巧此時法王亨利二世的王后剛剛產下王太子弗朗索瓦，亨利二世致信蘇格蘭王太后建議兩國聯姻。雙方一拍即合，火速在漢廷頓附近一座幽僻的修道院簽訂婚約。1548年，5歲大的小瑪麗被裝進一架小馬車祕密送往法國。

風雲變故 一代女王

在法國期間，瑪麗備受寵愛，因為她是未來的太子妃、流亡的蘇格蘭女王。在度過童話般的少女時代後，1558年4月24日，瑪麗與弗朗索瓦太子成婚，婚姻生活和諧美滿。次年，弗朗索瓦繼位，瑪麗成為法蘭西王后。然而此後，變故接踵而來。1560年12月5日，弗朗索瓦英年病故。傷心欲絕的瑪麗無暇沉浸在痛失愛人的悲傷中，因為此時她面臨三個重大選擇：一是以寡居王后的身分待在法國；二是回國作蘇格蘭女王；三是等待接任英格蘭女王，因為此時英格蘭女王「血腥瑪麗」（亨利八世的女兒）病逝，按繼承順序應由「血腥瑪麗」同父異母的妹妹伊麗莎白公主接任女王，但按照新公布實施的《天主教繼承法》規定，伊麗莎白是亨利八世的私生女，應由瑪麗接掌王權。但瑪麗不願與表姊爭奪王位，遂回國接任蘇格蘭女王。

1561年8月19日，瑪麗回到蘇格蘭，但故國早已物是人非。新教徒與天主教

世界風華館 系列

徒之間變得水火不容，即使在王室內部也是這樣。瑪麗同父異母的兄弟，新教派系的首領詹姆士‧斯圖亞特帶頭反對姊姊的統治。瑪麗對此採取了寬容的態度，任命弟弟為首席顧問，通過與詹姆士的聯合打擊天主教派勢力。在此期間，瑪麗被一位來自英國的表兄──花花公子亨利‧斯圖亞特勛爵所吸引，短短5個月後，瑪麗就出人意料地嫁給了這位信仰新教的英國王室成員。此時，新教和天主教勢力都不得不承認女王的權威。

婚後不久，瑪麗在愛丁堡城堡中產下了她的第一個孩子詹姆士王子。大概娶一個世界上最美麗的女人會給男人帶來不堪承受的壓力，亨利‧斯圖亞特很快就變得非常多疑，他甚至嫉妒瑪麗同祕書在愛丁堡荷里路德宮的房間裡待得太久，當場衝進去野蠻地殺害了瑪麗的祕書。目睹了這一幕的瑪麗非常震驚，從此在感情上與丈夫漸漸疏遠。不久瑪麗再次懷孕，亨利很想同她修好，但瑪麗居然宣稱孩子不是他的，而是詹姆士‧赫伯恩伯爵的。惱羞成怒的亨利加入了反對瑪麗的陣營。

瑪麗一生中轉折性的一刻來臨了。1567年2月，亨利居住的別墅發生劇烈爆炸，待人們趕到時，亨利已經倒在瓦礫裡嚥了氣。有人說瑪麗因為無法與亨利離婚而對亨利動了殺心，於是精心策劃了這起爆炸事故。3個月後，瑪麗和赫伯恩舉行了新教式的婚禮。於是憤怒的貴族和國民舉兵造反，他們指責瑪麗是殺人兇手、蕩婦和背棄信仰者。始料不及的女王被迫於1568年5月15日逃亡英格蘭，請求表姊伊麗莎白一世的幫助。然而由於瑪麗一直得到羅馬教廷的支持，且英國一些信奉天主教的貴族也一直希望瑪麗取代伊麗莎白一世成為英格蘭女王，因此伊麗莎白一世將她的這位表妹當作威脅王位之人。5月19日，

👑 瑪麗‧斯圖亞特據說是當時最美麗的女人。

當瑪麗趕到英國時，伊麗莎白一世將她囚禁了起來。伊麗莎白一世試圖審判瑪麗，但瑪麗曾受過教會的塗油禮，有權不接受任何世俗法庭的審判，唯有上帝可以審判她。伊麗莎白一世於是只能無限期地將她關押下去。瑪麗就這樣把頭靠在鐵窗上，被關押了整整19年。

🔥 被囚的瑪麗女王
從1568年直到被處死，瑪麗被伊麗莎白一世關押了19年。

● 我死如我生

　　然而，被關押的公主仍被認為有某種魔力，令伊麗莎白一世無法安心。1586年，西班牙刺客試圖行刺伊麗莎白一世，結果帳被算在瑪麗頭上。接著，一個由貴族、大臣和法官組成的特別委員會成立了，他們草擬了一份議案，指責瑪麗試圖謀殺伊麗莎白女王，要求將她送上斷頭台。1587年2月7日，伊麗莎白一世簽署了瑪麗的死刑判決書。第二天，瑪麗被處以極刑。行刑這天，劊子手喝了很多酒，看得出他很害怕。他最害怕的莫過於公主美麗的臉朝向他，於是他給她覆上了面紗。瑪麗的小狗躲在她裙底瑟瑟發抖，聽到「噗嗤」一聲脆響，才飛也似地逃走，公主美麗的頭被砍下。

　　故事並未就此結束，而是發生了一個戲劇性的轉變。1603年，統治英格蘭45年的「童貞女王」伊麗莎白一世逝世。由於一生未婚無嗣，伊麗莎白一世在臨終時不得不指定瑪麗女王的兒子、蘇格蘭國王詹姆士六世為王位繼承人。詹姆士六世即瑪麗在愛丁堡城堡中產下的第一個兒子。詹姆士六世是以何種心態接受了本應是仇人的伊麗莎白一世的王位，今天我們已不可能知曉。他在從愛丁堡城堡前往倫敦前，將城堡內掃蕩一空，只留下一把孤零零的座椅。此後，他成為了英國歷史上有名的國王詹姆士一世。

　　愛丁堡見證了瑪麗女王一生中一個個刀光劍影、愛恨陰謀的歷史時刻。看看愛丁堡中的荷里路德宮，看看亨利·斯圖亞特憤怒殺死瑪麗祕書的房間，看看瑪麗的一生如何在愛丁堡裡被改變，看看多年來她如何被人們評論和傳誦，就會明白她臨終的遺言：我死如我生。

威廉二世死亡之謎
——卡萊爾城堡

◆～～◆～～◆

卡萊爾城堡是諾曼第王朝第二位君王威廉二世為征服卡萊爾城而建造的。威廉二世是英國歷史上一位聲名狼藉的君主，相傳他冷酷無情，還是一個瀆神者。令人不解的是他的死亡之謎，這份淒涼又使人們對這位暴君產生一點點同情。

佇立浮雲曠野間

11世紀是歐洲城堡建築的分水嶺，在那之前，城堡都是木質的，之後的城堡才開始採用石材建築。所以從嚴格意義上講，從11世紀起，歐洲才有了真正意義上的城堡。卡萊爾城堡正是這第一批建立起來的歐洲城堡之一。

1092年，英王威廉二世征服卡萊爾城並開始修築卡萊爾城堡。事實上，城堡也只能由他建造，因為在「征服者」威廉一世時代就有法令規定：未經國王允許，任何人不得擅自建造城堡。這條法令在今天的英國仍然適用。這項規定是為了防止任何貴族以城堡為基地，蓄養騎士，割據一方。可見當時的城堡是控制城鄉、戰略防禦，甚至進攻的利器。

在此後的歲月中，卡萊爾城堡連同其周邊的卡萊爾城一會兒屬於英格蘭，一會兒屬於蘇格蘭，這取決於誰攻占了城堡。因此它完完全全是一座防禦性的要塞，這樣的城堡在承平年代看上去似乎不甚美觀與和諧，猶如一位老兵不知所措地佇立在蒼

🏰卡萊爾城堡

16世紀時，這座石築城堡曾用來囚禁蘇格蘭女王瑪莉·斯圖亞特。

涼的浮雲與曠野之間，身上的傷疤是它身經百戰的證明。

男子漢般的堅毅

　　總體來說，卡萊爾城堡所處的地形十分平緩，不像許多歐洲古堡建於地勢險要之處。整座城堡包括圍牆都修築在大約10公尺高的基台上，可以想像這基台1000年前應該是土台，後來被改成石質高台，再後來石塊都已經開始風化。昔日的壕溝和石橋還留存，圍牆以大石拼築，縫隙處用碎石填平。直角的城樓上有鐵質護欄和箭垛。從小小的窗格和拱形門垛中看不出任何建築風格，只有質樸、無華、鐵錚錚的男子漢般的堅韌之感。

·古堡　　　　檔案·

◆ ｜國家｜：英國
◆ ｜始建年代｜：1092年
◆ ｜英文名稱｜：Carlisle Castle
◆ ｜相關人物｜：威廉二世

　　整座城堡內部分為一個四邊形的外堡和一個三角形的內堡，三角形的區域裡座落著正方形的主堡。將城堡劃分為內外兩部分通常有這樣的作用：在外堡大門處佯做防守，然後將敵人引入外堡區，在內堡城門上投石、射箭或火攻消滅敵人。這樣的城堡結構在一般裝飾性強的皇家城堡中不會出現。

城堡立下戰功

　　城堡的建造者威廉二世是中世紀英格蘭第一位國王「征服者」威廉一世的次子。據說他身體強壯，能騎善射，是一位不錯的將領，但也是一位性情急躁、易怒的暴君。史書上稱「他被所有的人民痛恨」，但因為史書一般是教會人士編寫的，而威廉二世據說是一位同性戀者，難免受到教會的歧視。

　　在整個中世紀，英格蘭同蘇格蘭之間一直戰戰和和。1092年，威廉二世出兵佔領卡萊爾鎮，並開始修築卡萊爾城堡。很多歐洲的城堡可以修上20年，但卡萊爾城堡僅僅用1年時間就完工了。它沒有什麼其他的特點，只是堅固、對稱，沒有弱點。1093年11月13日，在阿爾維克大戰中，威廉二世將蘇格蘭國王馬爾科姆三世和他的兒子斬於陣前，卡萊爾城堡的功勞不小。

　　戰爭是一個社會事件，就像政治改革或工業革命一樣，它對統治者和平民生活的影響都不容忽視，只不過這種影響多半是負面的。卡萊爾城堡的設計和每一次改進都與歷史上的戰爭和戰術演變有關。比如：圍繞城堡的壕溝之所以挖掘淺得看似無用，是因為當時的士兵作

↑圖中四位英國國王從左至右、從上至下依次為威廉一世、威廉二世、亨利一世和斯蒂芬。威廉一世手持長劍與艦船，表明他對外遠征。威廉二世左手執箭，這表明了他的死因。

戰時穿戴沉重的鎧甲，即使水很淺，一旦掉下去也很容易被淹死。城堡的大門是重點防衛的區域，所以城堡的牆角就鬆鬆的，因為敵方總是試圖挖掘這個部位。

整個卡萊爾小城伴隨著對城堡永不止息的進攻而發展起來，戰爭非但沒有使這裡荒無人煙，反而使城鎮繁榮。因為城堡本身是一個堅不可摧的堡壘，來向它挑戰的進攻者必須在這裡耗上一段時間。其間他們可得享受生活：城堡附近的小餐館、小酒館向敵人提供飲食，鐵匠和貨郎也是必要的，還要有豪華的旅館來安置進攻者的家眷……來湊戰爭的熱鬧也並不是全無危險的，因為當時的征服者對待平民頗為殘酷。一旦城堡真的被攻占，反倒是城堡中鎮守的騎士們性命相對安全。騎士們通常不會被殺，因為這些人大多是貴族家庭出身的男孩，可以留著性命向他們的家族交換贖金。

國王死因成謎

威廉二世的一生頗受爭議，他的死亡同樣離奇。

1100年8月的一天晚上，國王安睡在豪華宮殿臥室的大床上，忽然他驚恐地大聲呼叫。僕人從床上滾落，披衣跑來安慰國王。國王驚疑不定地說：「我夢見神使來索命，要我去天堂。」接著便命令侍衛到他的房間裡來，掌著燈，就這樣一直陪他到天亮。對於戎馬一生的威廉二世來說，做幾個噩夢算不了什麼，但是國王次日的心情一直鬱鬱難歡。也許運動和流汗可以使心情好一點，於是他喚來貴族騎士沃爾特陪同他外出狩獵。

威廉二世親衛軍的軍士長為國王準備了6支箭。威廉二世見到6支箭都極為鋒利，便微笑著表揚了軍士長細心的工作。然後，他從中取了4支箭，把另外2支留給沃爾特，並說：「2支箭留給你就夠了，因為你是那種能夠一箭射中獵物的人。」威廉二世和沃爾特全天都在騎馬追擊獵

物，但運氣並不好。傍晚時分，一隻雄鹿從威廉二世眼前掠過，他立刻射出一箭。鹿受傷流血，但還在拚命地往前跑，威廉二世窮追不捨。

夕陽透過樹枝的間隙照在國王的頭頂，四周悄然無聲，受傷的雄鹿停下來警覺地觀望周圍的動靜。國王瞇縫著眼睛，準備給可憐的小獵物致命的一擊。就在此時，一支冷箭颼地破空而出，正中國王的胸膛。在逐漸模糊的視野中，威廉二世看到沃爾特翻身下馬跑來抱住他，但沃爾特說了什麼，威廉二世已經聽不清了。在混沌的意識中，身經百戰的國王本能地伸出一隻手折斷胸口的箭，以便減輕一點痛苦。但正是這個舉動加速了他的死亡，汩汩流出的鮮血染紅了沃爾特的騎士服。沃爾特只是一名騎士，他挽救不了國王的性命，因為害怕被控弒君，最終跨馬逃走了。威廉二世就這樣凄涼地倒在地上，流出的鮮血染紅了他身下的土地，直至他嚥下最後一口氣。

第二天，幾位起早耕作的農夫發現了威廉二世的屍首，大家慌手慌腳地將這件事報告給貴族。因為雇不起馬車，農夫們央求一位名叫普吉斯的燒炭工人用拉炭的大車把國王的遺體運到溫徹斯特大教堂。

在溫徹斯特大教堂，威廉二世被按照皇家儀式下葬在一座高塔下。憎恨他的教會拒絕為他祈福，宣稱威廉二世一生殺孽深重，神明也拯救不了他的靈魂。只有士兵們真心喜愛這位能征善戰的國王，威廉二世之死引來三軍慟哭。

人們將射殺國王者指為沃爾特，但宣稱那是一個意外，本來騎士是把箭射向另一隻獵物的。這種說法不甚可信，因為沃爾特是有名的神射手，不太可能會犯這種低級錯誤。但從此沃爾特再也沒露過面，事情的真相也變得無從查證。大概連威廉二世都不知道自己為什麼被殺，因此死不瞑目。僅僅在國王下葬後的第二年，埋葬他的那座塔就倒塌了。

🔥威廉二世中箭

這位英國國王終身未娶，不尊重教會，最激烈反對他的人都是神職人員。威廉二世死後，他的弟弟亨利繼承了王位，成為英王亨利一世。

法蘭西歷史的縮影
──楓丹白露宮

這裡承載著無數歷史的記憶，這裡是無數次震撼歐洲、動搖世界的政治大地震的震央。無上的光榮和卑劣的陰謀在這裡交織，無辜者的鮮血之上是入侵者的馬靴，權勢滔天的身影背後是暗殺者無聲的腳步……這裡，是楓丹白露宮，濃縮了法蘭西800年往事的絕美之地。

弗朗索瓦一世的著名收藏

楓丹白露位於巴黎市中心東南90公里處，周圍有2500公頃森林，歷來以風景優美聞名遐邇。1137年，法王路易六世在這裡修建了一座供打獵時休息用的城堡，這就是日後著名的楓丹白露宮的前身。從那時起，楓丹白露便成為了法國王室和貴族們狩獵、避暑的勝地。

將楓丹白露城堡變成一座富麗堂皇的宮殿的人是法國歷史上著名的國王弗朗索瓦一世，他容貌英俊，愛好華服美食等一切奢華的東西。在文藝復興熏陶之下的弗朗索瓦一世對藝術有濃厚興趣，他為許多藝術家提供了優厚的待遇和舒適的生活條件，以吸引他們來法國定居和創作。

1530年，弗朗索瓦一世決定將楓丹白露城堡擴建成宮殿，於是聘請了一批大師級的義大利畫家、雕塑家和法國的藝術家們共同合作，進行這一偉大工程。這次合作不僅造就了一座偉大的宮殿，而且還形成了一個著名的藝術流派──「楓丹白露畫派」。從弗朗索瓦一世時代開始，楓丹白露宮成為了歷代法國國王居住的主要宮殿之一，亨利二世、亨利四世、路易十三、路易十四、路易十五、路易十六、拿破崙一世、拿破崙三世都曾在這裡居住，並不斷將這裡重修、擴建。

當最優秀的藝術家擁有了君王的財富，絕世之作的誕生便成了必然。義大利文藝復興時期的建築風格與法國傳統藝術的完美融合，造就了這座與自然美景結合得天衣無縫，而又處

·古堡　檔案·

◆ ┃ 國家 ┃：法國
◆ ┃ 始建年代 ┃：1137年
◆ ┃ 英文名稱 ┃：Palace of Fontainebleau
◆ ┃ 相關人物 ┃：弗朗索瓦一世、拿破崙

楓丹白露宮

「楓丹白露」（Fontainebleau）在法語中有「藍色美泉」之意，得名於該處一股清澈碧透的八角形泉水。而楓丹白露這個充滿中國古詩韻味的中文譯名，據說是出自大詩人徐志摩的手筆。

處顯露著皇家氣派的城堡宮殿。為了裝飾楓丹白露宮的內部，弗朗索瓦一世四處收集油畫、雕塑等藝術品，此舉開創了法國皇家藝術品收藏之先河。弗朗索瓦一世是當時最大的藝術品購買者，他專門僱傭了一些人常年在義大利為他收集藝術品，再將它們運回法國。現在羅浮宮內珍藏的許多文藝復興時期巨匠，如：米開朗基羅、提香以及拉斐爾等人的作品，就是在那時來到法國的。最初這些作品大多收藏在楓丹白露宮，法國大革命之後才被移至羅浮宮收藏。

文藝復興時期最著名的大師達文西的絕世之作《蒙娜麗莎》，也是弗朗索瓦一世眾多收藏品中的一件。弗朗索瓦一世十分仰慕達文西的才華，曾說：「難以想像一個人在雕塑、繪畫、建築方面同時擁有如此多的學識。」據說他甚至曾經計畫要把繪有達文西創作的畫作《最後的晚餐》的牆壁搬回法國。雖然這個瘋狂的計畫並沒有實現，但這位對藝術有著狂熱愛好的國王卻得到了更大的收穫——作畫者。1516

年，64歲的達文西應弗朗索瓦一世的邀請，取道阿爾卑斯山脈，長途跋涉來到法國。而跟隨著他的騾子的背上，則馱著他最為鍾愛的三幅作品——《蒙娜麗莎》、《聖·安娜》、《聖·讓·巴蒂斯特》。

達文西甫到法國，弗朗索瓦一世便贈送了一座城堡供這位藝術大師居住。據說在弗朗索瓦一世居住的城堡和達文西的居所之間建有一條地底隧道，弗朗索瓦一世時常帶著自己繪製的建築草圖從隧道前去拜訪達文西，兩人常常徹夜長談。

楓丹白露宮建成後，弗朗索瓦一世在宮中的一個畫廊內首次向世人展示了《蒙娜麗莎》的神祕微笑。當然，在那時所謂的「展示」並不是隨便什麼人都能夠看到的，這個畫廊面對的只是那些有資格伴隨在國王身邊的高級貴族們。

弗朗索瓦一世鹽缸製作於1543年，長33.5公分，以純金打造，造型別緻，精美絕倫，體現了弗朗索瓦一世時期法蘭西宮廷生活的精緻。

拿破崙的傷心之地

楓丹白露宮的主人來了又走，走了又來，弗朗索瓦一世長廊、拿破崙一世套間、路易十三加冕門、路易十五配樓……每個曾經的主人都或多或少在這座宮殿中留下了痕跡。而對這座宮殿感情最為深刻的，當屬法國的第一傳奇人

物——拿破崙·波拿巴。

楓丹白露宮是拿破崙最為鍾愛的宮殿，他在這裡的時間前後加起來共有15年，但其實大部分時間他都征戰在外，真正住在這裡的時候非常少，最長的一次是在1807年秋天，他在這裡住了兩個月。

1804年，拿破崙強迫羅馬教皇庇護七世前來巴黎為他加冕，並在楓丹白露宮召見了庇護七世。在此之前，所有天主教國家的皇帝都需恭恭敬敬前往加冕城——德國的法蘭克福，接受教皇的加冕，從沒有一個皇帝敢命令教皇來為自己行加冕禮。對拿破崙如此僭越的行為，庇護七世卻敢怒不敢言。因為教皇的神聖對拿破崙來說根本毫無意義！他甚至曾經進軍羅馬，迫使教皇放棄領土，成立羅馬共和國。加冕典禮對拿破崙來說，只是一場遊戲而已。在典禮的最後，拿破崙甚至從庇護七世手中奪過皇冠，自己戴在頭上，然後將另一頂皇冠戴在皇后約瑟芬頭上。自此，君權神授的傳說被徹底打破。

而10年之後，拿破崙也是從楓丹白露宮開始了他的流放生涯。1814年，拿破崙的主力部隊被俄、普、奧聯軍擊

潰，拿破崙被迫在楓丹白露宮簽署了《楓丹白露條約》，不堪受辱的拿破崙在簽署條約之後企圖服毒自殺，但因毒性不強而未能成功。1814年4月20日下午1點，拿破崙在德魯奧和貝特朗兩位將軍陪同下，走下楓丹白露宮白馬廳的馬蹄形台階，對廣場中列隊送別他的士兵們說：「我的老衛兵們，我來向你們說永別了！繼續為法國效勞吧！」之後，他擁抱了禁衛軍隊長，三次親吻了帝國鷹旗，並喃喃低語道：「親愛的鷹啊，讓你的吻聲在所有的勇士心裡震盪吧！」禁衛軍們熱淚盈眶地高呼：「皇帝萬歲！」在悲壯的氣氛中，拿破崙登上馬車，踏上了前往厄爾巴島的旅程。從此，這座庭院便有了新的名字——告別院。1年之後，拿破崙重返楓丹白露宮，再次在同一地點閱兵，力圖復國，但百日之後在滑鐵盧之役中全軍覆沒，拿破崙再次退位，被反法同盟放逐到大西洋中的聖赫勒拿島，直至死去。

從卡佩王朝到拿破崙時代，數百年的歷史都記錄在這個由宮殿、城堡、教堂、迴廊、劇院、花園、廣場、湖泊、橋梁等構成的一個龐大的建築集合體之中。在這裡，性格叛逆的瑞典女王克里斯蒂納和法國王室密謀奪取西班牙的領地那不勒斯，卻被她的侍衛長出賣，於是克里斯蒂納派人在楓丹白露宮廣場的長廊中殺死了他；在這裡，路易十四頒布了《楓丹白露敕令》，以使所有的法國人都信仰天主教，胡格諾派的教堂被摧毀、學校被關閉，激起了他們的猛烈反抗；在這裡，拿破崙囚禁了羅馬教皇庇護七世，迫使他為自己加冕，又在這裡簽署了退位詔書；在這裡，拿破崙三世為他的皇后歐仁妮建造了中國廳，用來存放鴉片戰爭中英法聯軍掠奪自圓明園的幾萬件「戰利品」；在這裡，希特勒設宴慶祝攻占巴黎，並將此地作為德軍指揮部，盟軍奪回法國後，這裡又被作為盟軍的司令部；在這裡，二戰結束後的十多年中，北大西洋公約組織建立了軍事總部，直到法國擁有了自己的核武器，在戴高樂總統的堅持下才遷往別處，而楓丹白露宮牆外至今還殘留有「NATO」的標記。法國人說：「與其啃一本枯燥的法國歷史書，不如到楓丹白露宮來走一遭。」

❀《加冕》
法國畫家大衛奉拿破崙之命創作了這幅描繪其加冕的油畫，畫中的拿破崙正為皇后約瑟芬戴上王冠。

三位王室女人的悲命
——布盧瓦城堡

從男權社會至今，女人從不是政治的主角。可是腥風血雨的政治鬥爭背後，女人也總是扮演著或柔弱、或剛強、或鐵血的角色。布盧瓦城堡的過往歷史中就出現了這麼幾位女性，她們在這裡上演了一幕幕有關愛恨情仇、宮廷密謀、王權更迭的故事。

布列塔尼的安妮

　　法王查理八世的妻子安妮‧布列塔尼王后曾是布盧瓦城堡的主人之一。跟日後在布盧瓦城堡裡所發生的腥風血雨相比，她還稱不上主角。然而，來到城堡的人總是會想起她，為她在這裡度過的灰暗不快樂的一生默默憑弔。正是這位悲情公主為布盧瓦城堡寫下了第一筆憂傷。

　　安妮並不是法國人，出嫁前，她是布列塔尼公國的公主。12歲時，便從她父親那裡繼承了整個布列塔尼公國。然而，當法國國王查理八世的大軍兵臨城下時，她選擇了用一生的幸福換取她的國家不受戰爭的洗劫。就這樣，1492年，15歲的安妮以整個公國為嫁妝，嫁給了查理八世。

　　然而，僅僅7年之後，查理八世竟然意外撞頭而亡。安妮是不幸的，7年中，她共生育了5個孩子，但除了小女兒克勞蒂外，全部夭折。丈夫去世後，命運再次對她進行了無情的嘲弄與戲

　　🐎布盧瓦城堡城門上方的法王路易十二騎馬雕像。1462年，路易十二在這座城堡中出生。路易十二接過查理八世的王位後，法國的權力中心便逐漸由昂布瓦斯轉移到布盧瓦。

要。國王無嗣，王位繼承權由奧爾良公爵取得，史稱路易十二。為了讓布列塔尼一直劃歸在法國版圖之下，路易十二要求安妮嫁給他。為了繼續維持和平，安妮答應了。

也許是為了顯示對於這次婚姻的重視，路易十二在安妮的婚紗上大做文章，安妮「身上披的9公尺長袍上飾滿了金線與金球，並襯上稀有黑貂皮草，旁邊還綴著水獺毛皮」。這件奢侈而耀眼的結婚禮服，成為第一件被文獻記載的婚紗。

婚後，路易十二便攜安妮搬到了布盧瓦城堡。布盧瓦城堡是路易十二祖父的領地，在這裡，安妮走完了她人生的最後一段旅程。她的臨終遺言令人心酸到無以復加：遺體留在巴黎，心帶回布列塔尼。悲情公主終於在死後又回到了她的公國。

隨著安妮和路易十二的逝世，布盧瓦城堡寂靜了，直到另一位女性在這裡出現，才開啟了布盧瓦城堡作為陰謀與爭鬥的布景的另一程。

●翻起腥風血雨的凱瑟琳●

布盧瓦城堡中有一個房間，屬於法王亨利二世的王后凱瑟琳‧德‧美第奇。在談到有關法國歷史的話題時，你不可能繞過這位來自文藝復興時代佛羅倫斯權傾一時的美第奇家族的女人。她在丈夫亨利二世去世之後，先後將三個兒子扶上法國的王位，垂簾聽政，成功

·古堡 檔案·

◆ |國家| ：法國
◆ |始建年代| ：約10世紀
◆ |英文名稱| ：Blois Castle
◆ |相關人物| ：安妮、凱瑟琳、瑪歌

地站在了權力至高點。她影響了法國20年，也使布盧瓦城堡沾上斑斑血跡。

在政治鬥爭中取得勝利從來都不是簡單的，當時的法國人暗中稱呼這位王太后為「毒蛇夫人」。據說她在布盧瓦城堡內的書房裡有一個祕密抽屜，裡面藏滿了她親自調製的毒藥，用來清除宮廷內外每一個不聽話的人。凱瑟琳，這個不簡單的女人，在布盧瓦城堡裡展開了她一生中的陰謀與鬥爭、得到與失去。

故事開頭，年輕的凱瑟琳以一個悲劇的角色出場。盡管凱瑟琳與亨利二世共同育有10個孩子，但亨利二世並不鍾情於他的王后，卻對年長自己20歲的黛安娜迷戀有加。面對這一切，凱瑟琳默默地、冷靜地忍受著。

亨利二世死於一場爭鬥。之後，凱瑟琳王后終於可以擺脫那個叫做黛安娜的女人給她帶來的一切恥辱。也許，正是這些原因，定型了凱瑟琳最終的性格，致使她在亨利二世去世以後，成功地將三個兒子逐個推上權力巔峰，把法國推向了她垂簾聽政的時代。失去愛情卻贏得全法國，這是她所能做到的證明自我、獲得平衡的唯一方式吧！

凱瑟琳的兒子中最後一位登上法國王位的是亨利三世。亨利三世繼位時，法國國內的宗教鬥爭已達白熱化。法國王室信仰只承認天主教，也就是舊教，然而新教的勢力卻逐漸膨脹，向王室發起了挑戰。為躲避新教徒聚集的核心城

🌺（左圖）安妮·布列塔尼（1477～1514）

為了保持布列塔尼公國與法國的聯盟關係，安妮先後嫁給了查理八世與路易十二，這也造成了她一生的悲劇。

🌺（右圖）城堡的四個側翼均建於不同年代，這使得它們的建築風格各異。

市巴黎，亨利三世來到了布盧瓦城堡。

亨利三世沒有子嗣，因此王國的下一任繼承人始終沒有確定。按照傳統，王位應傳給亨利三世妹妹的丈夫亨利·納瓦爾，但國王的這位妹夫恰恰是新教的首領。讓一個新教徒來當國王，這在信奉舊教的王室成員們眼中是不可容忍的。於是，舊教的首領基斯公爵決定召開一次三級會議，另行推舉繼承人選。

基斯公爵的做法引來了一個人的惶恐，此人就是亨利三世。亨利三世預感到，如果會議召開，憑藉基斯公爵的勢力，何止是繼承權，他的王位也隨時可能拱手讓人。於是在與母親凱瑟琳密謀後，母子兩人精心設計了一場暗殺，讓整個布盧瓦城堡都蒙上了一層血腥的味道。

三級會議召開的那一天，亨利三世邀請基斯公爵來到布盧瓦城堡中他的房間，此時亨利三世早已將心腹安排埋伏在通向他房間的各個出入口。基斯公爵的大意與毫無戒心，使他葬送了自己的性命，也成就了亨利三世的計畫。當基斯公爵一進入房間，侍衛們立即蜂擁而上，將他刺死在亨利三世的床邊。事發地點，就在今天的布盧瓦城堡法蘭斯瓦一世側翼的三樓。

暗殺成功了，但沒過多久，凱瑟琳也病死在布盧瓦城堡。對於凱瑟琳來說，她是幸運的，她的先逝一步，避免了目睹自己最疼愛的小兒子最終也死於暗殺。然而，作為一個女人，她又是不幸的，她的丈夫始終沒有愛過她，她的兒子全部死於疾病、毒藥或暗殺，女兒全部

淪為了政治聯姻的祭品。無論生前怎樣輝煌，也掩飾不掉她那其實相當失敗的人生。

犧牲於政治婚姻的瑪歌

　　這座布盧瓦城堡，為野心勃勃的凱瑟琳帶來了權力與欲望，卻沒能護佑她的女兒——著名的瑪歌王后。這座城堡給予美麗瑪歌的，是灰暗的囚禁。

　　王室的女人們總是成為政治的犧牲品。瑪歌的姊姊們全都被她們狠心的母后作為了聯姻的政治工具，她也不例外。18歲那年，她被迫嫁給了波旁家族的亨利‧德‧波旁。這場政治聯姻的背後，是為了拉攏亨利這位新教的領袖。兩個毫不相愛的人硬生生被捆綁在一起，注定了瑪歌一生悲劇的開始。婚禮如期在巴黎舉行，然而這一次，並不是一場政治聯姻這麼簡單。瑪歌的豪華婚禮，僅僅是為一場更大的陰謀拉開序幕。

　　正當信仰新教的人們聚集在巴黎街頭，為他們的領袖歡慶新婚的時候，瑪歌的母后凱瑟琳和她的兄長——當時的法國國王查理九世——密謀策劃了一場針對新教徒的大規模屠殺。一天之內，2000多名新教徒被殺，鮮血染紅了法國的天空。這一天是8月24日，正值聖巴托洛繆節，因此這個血腥夜晚被稱做「聖巴托洛繆之夜」。

　　慘案發生後，亨利離開了瑪歌，逃離巴黎，回到納瓦拉。而瑪歌則被她的哥哥亨利三世控制，關押在布盧瓦城堡，成為被親人囚禁的囚犯。不過最終，她還是被允許回到了丈夫的身邊。

　　1589年，亨利三世在巴黎的一場戰爭中遇刺身亡。由於沒有子嗣，王位落在了瑪歌的丈夫亨利頭上。他意外地獲得了國王的寶座，從此成為亨利四世，也成為了波旁王朝的開國之君。而瑪歌就這樣由法國公主變成了法國王后，史稱瑪歌王后。

　　瑪歌為她的丈夫帶來了王位，卻並沒有換來丈夫的真心。也許，亨利四世從未對當年的「聖巴托洛繆之夜」釋懷過。1599年，這對夫妻協議離婚。1615年，瑪歌在巴黎病逝，一段往事也隨遠去的芳魂煙消雲散。只有布盧瓦城堡依然聳立在那裡，見證著許久之前數位女人的愛情與無奈，和一波波政治狂潮舞起的腥風血雨。

🔥 瑪歌王后
她與丈夫亨利貌合神離，兩人都有公開的情人，而迷戀瑪歌的男人更是數不勝數。

日本傳奇的見證

——姬路城

姬路城是日本現存古城堡中最為壯麗的一座，也是日本最著名的城堡。獨特的白色城牆和優雅的外形好似一隻停歇在山頂的白鷺，因此也被稱為白鷺城。上天迷醉於它的美麗，數百年的天災人禍沒能損毀它的優雅，二戰的炮彈也奇蹟般躲開了它。可是，在這座美麗的城堡中，卻發生了許多悲傷和慘痛的故事。

白鷺城的往昔

14世紀的日本正處於幕府時代，政治實權掌握在大名（日本古時封建制度對領主的稱呼）和將軍手中，天皇只是一個傀儡，各地豪族、武士互相攻伐。出於軍事需要，1346年，一位豪族首領在姬山（位於今日本關西地區兵庫縣）將一座古剎改建成堡壘，這就是姬路城的前身。

1577年，姬路城成了日本戰國史上著名霸主豐臣秀吉的主城，這時的豐臣秀吉還是織田信長的家臣。豐臣秀吉來到這片封地時，姬路城已初具規模，他又在城堡周邊築城牆、挖壕溝，並在城中制高點處修建了一座三層的天守閣。5年後，織田信長在本能寺遭遇反叛家臣明智光秀的進攻，受傷後自殺而死。此時的豐臣秀吉正領軍在外作戰，得知織田信長的死訊後，他急忙撤軍，冒著傾盆大雨狂奔兩天兩夜，趕回姬路城。

傳說豐臣秀吉回到姬路城中所做的第一件事居然是

姬路城

姬路城中的最高點為天守閣，是日本獨有的建築。它既是城主居住的主樓，也具有瞭望塔的軍事功能。

洗澡。他一邊躺在大木桶中泡澡，一邊發出指令調動軍隊，澡洗完了，軍隊也做好了出征的準備。兩天後，豐臣秀吉將姬路城中所有的財物與糧食全部分給士兵，留下弟弟豐臣秀長守城，自己親自帶兵討伐明智光秀。豐臣秀吉在這一戰中押上了全部本錢，他出兵迅速，山崎一戰中擊潰敵軍，並殺死明智光秀。豐臣秀吉如願得到了京都一帶的控制權，從此開始了他爭霸天下的征程。

後來的數百年裡，姬路城又幾經易手。豐臣秀吉統一日本後，將姬路城封給了弟弟秀長。豐臣秀吉死後，大權落入德川家康之手，日本進入德川幕府時代，而姬路城也由德川家康的女婿池田輝政執掌。1601年，池田輝政拆除了豐臣秀吉建造的天守閣，重建了大小共8棟天守閣，並對整個姬路城進行改建。這次浩大的工程持續了8年，使用了387噸木材、3048噸方磚和不計其數的重量超過1噸的巨石，用於鋪設地面的地磚多達7.5萬塊，建成之後的姬路城將軍事上的實用性和藝術上的美觀性完美地結合在了一起。

·古堡 檔案·

◆｜國家｜：日本
◆｜始建年代｜：1346年
◆｜英文名稱｜：Himeji-jo
◆｜相關人物｜：豐臣秀吉、千姬公主

千姬公主的快樂與哀愁

千姬是日本戰國時代的最後一位公主，德川幕府第一代將軍德川家康的孫女，她相貌嬌美，性格隨和。豐臣秀吉生前曾讓兒子豐臣秀賴與千姬定親，當時豐臣秀賴6歲，千姬2歲。4年後，德川家康被朝廷任命為大將軍，在江戶城開創幕府，實際地位已凌駕於年幼的主君秀賴之上。這時的德川家康雖有取代豐臣家族的野心，卻不敢輕舉妄動。於是他依約將千姬送往大阪完婚，以此來鞏固與朝廷之間的關係，為自己爭取時間。

婚後的千姬未能生育，她將秀賴與侍女所生的一子一女當做親生兒女一般看待，一家人生活得幸福美滿。可是好景不長，豐臣秀吉時代的老臣們先後去世，而德川家康也已積蓄了足夠的力量，世上再無人能制約他了。1615年，也就是千姬出嫁12年後，德川家康率軍圍攻大阪城。

德川家康擔心豐臣秀賴利用千姬要挾自己退兵，於是派豐臣秀吉當年臣子的後代坂崎直盛去說服豐臣秀賴放人，並許諾如果能救出千姬，就將千姬許配給他做妻子。坂崎直盛欣然前往，竟然真的帶回了千姬。其實豐臣秀賴從未想過用千姬作人質，而千姬也希望能面見祖父，為婆婆和丈夫求情。但德川家康絲毫不為孫女的哀求所動，堅持要斬草除

德川家康

日本戰國時代最著名的政治家、軍事家，繼織田信長、豐臣秀吉之後，將日本封建社會推向了一個新階段。

根。不久，豐臣秀賴與母親在一所倉庫中自殺身亡，秀賴8歲的兒子也被德川家康斬首，女兒則被迫出家為尼，當年叱吒風雲的豐臣家族煙消雲散了。

千姬安全地歸來了，但德川家康卻隻字不提婚事。坂崎直盛當眾詢問的時候，德川家康卻顧左右而言他，後來乾脆起身離開。坂崎直盛又羞又憤，從此常在背後說德川家康的壞話，德川家康得知後派人殺死了他。

1616年，德川家康去世。死前，他將20歲的千姬改嫁給自己的嫡系本多忠政的兒子本多忠刻，並在嫁妝之外又給了她10萬石化妝費。第2年，本多家族由伊勢改封到了姬路城，從此千姬被人們稱為「播磨姬君」，在這裡重新開始她的生活。據說千姬將她的嫁妝用於擴建姬路城，至今人們還能在姬路城裡看到她當年的居所。千姬雖然再次結婚，卻一直沒有忘記她的第一任丈夫。在千姬的化妝樓裡，有一扇面朝神社的窗戶，傳說她每天早起盥洗化妝之後，便在這裡默默為豐臣秀賴祈禱。

德川家康用心良苦地為孫女安排美滿的生活，但命運終究是難以預料的。千姬與忠刻結婚10年後，30歲的忠刻一病不起，很快便去世了。緊接著，忠刻的母親和千姬的母親也在3個月裡先後亡故。料理完親人們的後事，悲傷的千姬帶著自己與忠刻所生的女兒勝姬離開姬路城，回到江戶（今日本東京）出家為尼。第二年，德川家將勝姬嫁給了鳥羽藩主池田光政。從此，千姬便一個人孤獨地生活在江戶，直到去世。

阿菊的傳說

阿菊的傳說是日本著名的怪談之一。故事發生在日本永正年間（1504～1520）。永正二年，姬路城的第九位主人小寺則職的家臣青山鐵山企圖陰謀篡位，被另一位家臣衣笠元信覺察。於是衣笠元信派自己的愛妾阿菊到青山鐵山家裡當女僕，伺機收集青山鐵山的造反證據。

不久後，阿菊得知青山鐵山計畫在賞花宴時用毒酒毒死小寺則職，便急忙向主人衣笠元信報告。衣笠元信接到消息時，賞花宴已經開始。當他趕到宴會現場，正看到青山鐵山在向小寺則職敬酒，衣笠元信於是

宮本武藏除妖

　　姬路城裡的傳說非常多，除了阿菊的故事之外，還有一個關於大劍客宮本武藏的傳說被日本人廣為傳誦。據說在本多忠刻任姬路城城主時，曾聘請日本歷史上的第一大劍客宮本武藏來此教授劍術。宮本武藏聽說城中的天守閣裡常有妖怪出沒，於是在一天深夜獨自一人登上天守閣。當他來到第三層時，轟然一聲巨響，熊熊大火瞬間將他包圍。宮本武藏拔刀砍向火焰，火焰居然消失了。於是宮本武藏便抱著刀在天守閣頂層供奉神明的祠堂中等待，半睡半醒間夢見一位女神感謝他趕走妖怪，並送他一把長刀。宮本武藏醒來後，發現地下放著一個白木盒子，裡面放著一把鑄劍大師鄉義弘鑄造的長刀。

當場揭穿了青山鐵山的陰謀。青山鐵山見陰謀敗露，便乾脆丟下偽裝直接動手。衣笠元信保護小寺則職殺出會場，逃出姬路城，而阿菊則仍然冒著危險留在青山家。

　　青山鐵山斷定家中有內奸洩露消息，於是在佔據了姬路城後，暗中委派幾個心腹食客挖出內奸。不久，一個叫町坪彈四郎的食客察覺了阿菊的真實身分。但他一直迷戀阿菊的美麗，便以此要挾阿菊，要阿菊嫁給自己。遭到拒絕之後，彈四郎惱羞成怒，有心揭發阿菊，但又怕青山鐵山知道自己知情不報，於是另想了一個辦法陷害阿菊。

　　青山家裡有一套瓷器，共十個瓷盤，是他的傳家之寶，這些盤子由細心的阿菊負責保管，彈四郎找機會偷偷藏起其中的一個。一次宴會上，青山要阿菊拿出盤子宴客，結果發現少了一個，大怒之下命令彈四郎將阿菊吊起毒打致死，然後又殘忍地將阿菊的屍體拋入井中。從此之後，每當深夜來臨，那口井裡都會傳出一個女子的聲音，「一個、兩個……」每次數到第九個的時候就會啜泣起來。

　　後來，衣笠元信打敗青山鐵山，迎回小寺則職。為了紀念阿菊，便將阿菊的牌位供在姬路城附近的12所神社內，作為神佛來祭拜。直到現在，每年的5月8日——傳說中阿菊受害的日子——姬路城內仍然會舉行祭祀阿菊的儀式。

身著日本傳統和服的玩偶。高聳的髮髻、別緻的髮簪、垂及腳踝的華麗和服、分趾木屐，這是日本封建社會時期貴族少女的典型打扮。

武士道精神的源頭
——名古屋城

名古屋城是日本名古屋市的一座日式城堡，每當櫻花盛放的季節，它便成了一片粉色之中的莊嚴。17世紀初，日本歷史上最傑出的人物之一德川家康建起了這座城堡。那時的名古屋城，雌雄金鯱在天守閣頂迎著太陽發出點點金光，城內有無數的佩刀武士在拱衛城主，這裡是德川家族的帝國。

誕生與毀滅

　　談到名古屋城的建造，得從織田信長說起。在室町時代（1333～1568），這裡只有一座名為「柳丸」的小城。1532年，織田信長的父親織田信秀攻下此城，並改名為「那古野」，把它賜給兒子織田信長作為居城。織田信長統一日本之後，將居城遷往附近的清洲城，那古野城逐漸廢棄。時光如梭，一個個野心家們匆匆從歷史中走過，僅僅幾十年的時間，織田信長身死，豐臣秀吉制霸天下，緊接著又輪到了德川家康。虎視眈眈的德川家康為了削弱豐臣家族的實力，並為日後與豐臣家族開戰做準備，1610年，他命令包括築城名家加藤清正在內的剛剛歸順他不久的20餘位大名，在那古野城的遺址西側修築新城。

　　大名們不敢違逆手握重兵的德川家康的意思，於是紛紛出人出錢趕工。據說其中一位名叫福島正則的大名曾經發牢騷說：「某某人總把我們這些旁系當牛做馬，這樣下去，我們早晚有一天要破產。」加藤清正聽了以後對他說：「不願意築城，那就趕緊回去招兵買馬準備打仗好了。」意思是如果不老老實實給德川家康幹活，讓他抓住把柄的話，就得準備承受他的武力打擊。福島正則對此當然也是心知肚明，發完牢騷還是得老實幹活。

　　大名們為了向德川家康表忠心，不遺餘力地日夜趕工，僅用了4年便將新城修築完成。1614年，德川家康將這座城命名為名古屋

·古堡　檔案·

◆ |國家|：日本
◆ |始建年代|：1610年
◆ |英文名稱|：Nagoya-jo
◆ |相關人物|：德川家康

✿（左圖）名古屋城

春寒料峭中，名古屋城周圍的2000多株櫻花競相開放，吸引了無數遊客。

✿（右圖）日本封建時代貴族的生活場景。貴族們占有大量財富，居於華宅之中，擁有眾多妻妾，生活起居完全由侍女料理。

城，並將清洲城中的百姓遷移到這裡。同年10月，德川家康在這裡聚集兵馬，發起了後世稱為「大阪冬之陣」的戰爭，攻下豐臣家所在的大阪城，徹底消滅了豐臣家族，德川幕府時代正式來臨。從這時起直到明治維新的250年間，名古屋城一直是德川家族的世襲居城，也是日本最繁華的城市之一。

明治維新之後，德川家族的地位一落千丈，名古屋城的最後一任主人德川慶勝甚至窘迫到準備拆除這座名城，用拆下來的建材換錢遣散門下的食客。名古屋城的居民們得知消息後紛紛表示反對，德國駐日本的使節也出面干涉，這座古城才逃過了一劫。隨後，德川慶勝將這座古城捐獻給新政府。名古屋城逃過了被拆毀的厄運，卻躲不過第二次世界大戰的硝煙。1945年5月14日，美軍轟炸機群在名古屋市上空投下大量炸彈，半個城市化為廢墟，名古屋城也遭到嚴重摧毀。如今的名古屋城是1959年重建的，直到現在，這個重建工程仍然沒有完成。

◆傾城黃金鯱

名古屋城的象徵是放置在大天守閣屋頂之上的一對雌雄金鯱，因此名古屋城又被稱為「金鯱城」。鯱是日本傳說中的一種海洋生物，這種動物虎頭魚尾，性情凶猛，生活在伊勢海中，據說將牠的形象放置在房屋的大梁上，能夠預防火災。

名古屋城的這對雌雄金鯱大有來頭，是德川家康時代的物品。據說在名古屋城的大天守閣落成之後，德川家康聘請日本東密宗高僧天海手

下的7位法師，在深山中用了49天繪製了兩道用來詛咒豐臣秀賴母子的符文，然後將這兩道符文分別放置在天守閣兩端的雌雄金鯱體內。就在放入的當天，遠在大阪城中的豐臣秀賴便病倒了。豐臣秀賴請來法師查找病因，得知是德川家康利用金鯱施法。法師便建議豐臣秀賴將他父親豐臣秀吉建造的一間可以拆卸的茶室搬到大阪的天守閣頂，並讓他住在那裡。這座金茶室的牆壁、天花板、地板都是由純金製作，連紙門的骨架也是黃金鑄成的。據說由於豐臣秀吉的金茶室所用的黃金比德川家康的金鯱要多，而且大阪的天守閣比名古屋的天守閣高，所以豐臣秀賴的病很快就好了。詛咒被反彈回來，金鯱的雙目突然起火，德川家康陰謀失敗，惱羞成怒，乾脆撕破臉皮率領大軍直接滅了豐臣家，這就是「大阪冬之陣」。

日本的傳統美食壽司，以鹽、醋、米及魚製成。從8世紀朝廷下發「禁肉令」到明治維新的1000多年時間裡，日本人不吃獸肉。

當然，這只是一個傳說而已。但這對金鯱的的確確是身披金鱗。天守閣北段的雄鯱高2.62公尺，由鉛、銅製成，外披194片純金鱗片；南端的雌鯱高2.58公尺，有236片金鱗。每隻金鯱重達1200公斤，製作時共用去1940枚大金幣，換算成純金，大約重215.3公斤。

金光閃閃的金鯱價值不菲，自然招來了不少人的覬覦。日本劇作家並木五瓶的戲劇《傾城黃金鯱》中，就描寫了一個盜取金鯱金鱗的故事。這個故事的主角是日本江戶時代著名大盜柿木金助。故事中說，柿木金助在一天夜裡利用大風箏飛到了戒備森嚴的大天守閣屋頂上，並剝下了金鯱身上的3片金鱗。此外，名古屋城主也曾打過它們的主意。江戶時代末期，德川家族江河日下，名古屋入不敷出，於是城主曾先後三次剝下金鯱的鱗片，換成純度較低的金鱗。

這對金鯱在明治維新後，被德川慶勝連同名古屋城一起捐給了政府。日本政府將它們和整座名古屋城定為國寶，還分別將雌雄金鯱在國內外進行展覽，雌鯱在回國途中還遭遇風浪，險些沉入大海。後來，在名古屋人的聯名要求下，金鯱又重新回到了天守閣的屋頂上。

昭和十二年（1937），名古屋市政府計畫整修天守閣，結果被一個小偷鑽了空子。這個大膽的傢伙混進天守閣，藏在一個牆壁的夾縫中整整一個下午，工人們下班回家之後，他沿著腳手架爬上屋頂，從雄鯱身上剝下58片金鱗。由於當時正在過年，工人們直到初七上班才發現可憐兮兮的雄鯱。後來雖然抓住了小偷，但金鱗已被他溶為金塊出售，市政府只得重新購買黃金製作鱗片，名古屋市長也因此事而引咎辭職。

二戰中名古屋市屢遭美軍轟炸，於是人們計畫將金鯱卸下運往安全之處，不料剛剛卸下雌鯱，大規模的空襲便將整座古城與雌雄金鯱一起毀滅。現在人們看到的名古屋天守閣和金鯱均是在1959年重建的，金鯱身上的金鱗是18K金，雄鯱有112片鱗甲，雌鯱有126片，共用純金88公斤，比起以前那對，顯得寒酸了許多。

✿日本武士甲冑

日本武士往往身穿樣式獨特的甲冑，並有自成一家的格鬥技藝。

武士道與忍者

名古屋是日本武士道精神的發源地。武士道精神形成於日本戰國時期，最初是忠誠、勇敢和堅忍的象徵。當時的日本戰亂頻仍，遍地硝煙，只有強者才能生存下來，因此形成了日本人的尚武文化。德川家康時代，武士道中又融入了日本神道中的忠君思想、佛教的禪宗哲學和儒家的倫理觀念，成為了現在我們所知的武士道精神。名古屋地處日本中心地帶，是德川家的心臟和神經中樞，是武士們的聚集之所，武士道精神也自然在這裡大行其道，並流布於整個日本。

日本武士中的精英——忍者——的主要發祥地伊賀就在名古屋附近。在名古屋城的庭院中，有一扇德川時代的安全門，它一直通到城外，是為統治者所設的緊急逃生通道，據說當年守衛這裡的就是忍者。這些代代守護這裡的忍者共有18個家族，他們不僅武藝高強，還精通琴棋書畫、詩詞茶道。在江戶時代，這些家族中甚至有不少人的公開身分是著名的畫家、書法家、詩人和學者。明治維新之後，這些家族也隨著舊時代的崩潰而消失，他們的祕密也隨之一起湮沒在歷史長河裡。

忠誠的捍衛者

Loyal defenders

古老的城堡中流傳著多少華美的傳說，其中，騎士們是一道不可不看的風景。他們從幼年時就被送到國王或貴族的城堡中接受教育，成年後在城堡中接受騎士授封禮，度過自己人生中最難忘的一夜。他們終身的使命就是保衛城堡，他們在城堡中追逐與貴婦們鏡花水月的愛情。

少年騎士的學園

騎士是歐洲封建貴族中最底層的階級，在身分上類似一種職業僱傭軍。當十字軍東征開始後，教會將騎士身分神聖化，變成了一種虔誠於上帝的宗教精神的象徵。中世紀是騎士的世紀，在騎士精神越過了它的黃金時代後，吟遊詩人最終昇華了騎士生活中浪漫的部分，奠定了現代人心目中騎士的形象：尚武、忠誠於國王和上帝、鋤強扶弱、追逐與貴婦人之間唯美的精神愛情。

一位騎士首先是一個貴族家庭出生的少年，因為只有這樣，家族才能拿出足夠的錢供其接受騎士訓練。但倘若家族真的十分有錢，往往不會捨得讓孩子去過這種艱苦的生活。因此，很多優秀的騎士往往

兩名身穿盔甲的騎士在決鬥。

出身於沒落貴族家庭，將戎馬生涯作為改變自己生活的途徑。

這些渴望成為騎士的孩子要在七八歲的時候就離開父母，到國王或大貴族的城堡中做侍童。他們居住的場所是城堡中的衛士所，這樣的衛士所經常被建造在城堡主堡的大殿中。法國的香波城堡中就有這樣的衛士所，它呈十字形排列，體現出宗教特徵。侍童們和主人的孩子一樣接受文化教育，學習禮儀知識，當然也跑腿、

騎士與貴婦的愛情不以婚姻為目的，也不發生肉體關係。

幹雜活。如果有幸服侍的小主人是一位王儲，這樣的侍童在日後多半會成為君王的心腹或國家忠臣，這種從少年時代起建立的君臣友誼，在歐洲並不少見。當歐洲宮廷進入浪漫主義時期後，少年侍童也學習唱歌、交誼舞、樂器、象棋等，這些技藝往往是為了博得女主人的賞識而習得的。

15歲後，少年們成為主人的隨扈，基本工作是陪同主人打獵。身體日漸強壯的年輕人日常的學習內容逐漸轉為騎馬、游泳、射箭、擊劍等。在這一時期，進入青春期的小伙子們經常會為了榮譽、愛情發生衝突，或無緣無故地進行決鬥。決鬥是生活中一個重要內容，但教會並不贊同這種同伴間的廝殺。1559年，法王亨利二世在一次決鬥中意外身亡，教會即下強令禁止一切決鬥活動。青春的熱力無法揮散，騎士愛情文學開始在宮廷中流行，受了浪漫詩歌的鼓舞而向宮廷貴婦求愛的騎士不在少數。但是這種愛情並不總是帶來肉體關係，在虔誠的騎士心目中，通姦是不允許的。大多數騎士成年後都會遵照家族的安排結婚，因此這種婚前的心靈之愛更多的是一種補償，一種平衡。而且很多騎士與貴婦的愛都可以維持到婚後很多年，甚至終生，成為雙方的精神寄託。這種特殊形式的愛情成為了當時文學作品的主要內容。

一生中最難忘的一夜

在年滿21歲之後，少年隨扈們終於將在城堡裡迎來最激動人心的騎

士授封儀式。然而比起授封典禮的當天，很多騎士認為真正讓他們終生難忘的是典禮的前夜。

從典禮前一天的早晨起，騎士們就不能再進食，各自默默地做著準備。傍晚時分，騎士們開始沐浴，擦拭乾淨後換上早就準備好的白色亞麻布襯衫，再輕輕披上猩紅色長袍。其中，白衫代表神的聖潔，而紅袍代表時刻準備著為捍衛信仰而流血犧牲。夜幕降臨，他們帶著次日典禮上的用品陸續來到禮拜堂，跪在神壇前開始禮拜。禮拜的內容並沒有什麼特別，可以傾訴一下自己對上帝的忠誠、勇敢作戰的決心等等。禮拜很快完畢，訥於言談的騎士們開始沒什麼好說的，但是騎士們還是不能起身，因為當晚他們要在神壇前跪上整整一夜，大概10個鐘頭左右。

女王將劍平放在青年肩上，授封他為騎士。

氣氛開始變得有點尷尬，時不時地有人低聲誦讀一段《聖經》，試圖打破沉默。大多數人則開始回憶自己這些年的心路：第一次走進偌大城堡的興奮與驚惶，第一次服侍主人的笨拙，主人對自己的恩重如山或欺凌，艱苦的學習，朋友的友誼和爭吵等等。午夜禮拜堂的岩石地面越來越涼，腹中的空虛、膝部的不適和神壇前的肅穆讓騎士們的思緒陷入幻境。有人幻想自己未來將會光榮地戰死沙場，一種神聖的榮譽感充滿了他的心，但他轉而想到家鄉的父母將會孤苦無依，而心上人將會多麼地悲戚！越來越多的人開始擔憂未來，終於有第一個脆弱的人哭起來，哭聲感染了每一個人，所有的人都淚流滿面，他們開始擁抱和相互安慰，最後一同唱起了對神的讚美詩，因為是上帝支持著他們完成了十幾年艱苦的學習，未來也只有上帝能保佑他們。風吹過空曠的城堡上空，吹過歌聲和慟哭的禮拜堂，吹動聖燭搖曳，吹亂騎士們心情複雜的不眠夜……

黎明的聖鐘終於敲響，清晨破曉，貴族們從四面八方趕來參加騎士們的授封禮。大典通常由主教大人主持。騎士的擔保人走到騎士面前，親手將他攙扶起來，引領到主教面前，並將他的武器和盔甲一件一件地遞給他，同時說上一些《聖經》中的警句，然後親手幫騎士綁上馬刺。馬刺是騎士們靴子上的一種金屬用品，因為騎士在戰場上一手持劍，一手持盾，沒辦法同時手持馬鞭，於是就需要在馬靴上安裝一種金屬用品，這樣騎士們只需用這件硬物敲擊馬肚子，馬匹就能瞭解主人的意圖。

該步驟完成後，擔保人退下去，騎士走到主教大人跟前重新跪下。主教大人將一把劍平放在他的左肩，說：「我主寬恕，聖潔己身；捍衛教宗，鋤強扶弱。」然後用寶劍輕磕騎士的肩頭；再換至右肩重複做一遍。最後，騎士本人高聲以某位聖徒的名義起誓，起誓完畢，主教大人高喝一聲：某某（該人的名字）騎士！全部典禮完畢。

　　然後，國王走出來大宴群臣，如果高興的話，還會賞賜新騎士們很多金銀財物，主教大人也可能心情大悅地贈送給騎士們珍貴的古本《聖經》、或珠寶鑲嵌的十字架。總之，這是一個歡樂的時刻，一天沒吃東西的騎士們水足飯飽後，紛紛走到廣場上獻技，表演他們精湛的武藝，時不時引來人們的掌聲和歡呼聲……

　　當然，也不是所有的騎士都能在城堡中擁有如此隆重的授封典禮，在戰爭年代，很多騎士根本沒經過什麼訓練就臨危受命。1338年英法百年戰爭的一場戰役中，雙方的大軍正在對峙，一隻野兔忽然躥進法軍的前鋒營中，士兵們被這突然冒出來的小東西嚇了一跳，引起了小騷亂。法軍司令以為是英軍進攻了，一緊張，就利用這短短的時間匆匆授封了14名新騎士來保護自己，這些人以後被戲稱為「兔子騎士」。這個故事說明，無論教會如何美化騎士授封典禮，騎士們真實的身分都只是奮戰沙場的高級士兵而已。

保衛城堡：騎士的終極使命

　　在成為正式騎士後，城堡成了他們終身的家。中世紀的戰役大多圍繞城堡展開。雙方互下戰書後在郊外的曠野相約交戰，戰敗的一方通常會逃回城堡。借助護城河、城牆、塔樓、糧食和軍械儲備，一支守備軍往往可以抵抗強大於自己10倍以上的兵力超過一年。如果能夠放信鴿搬到援兵，就有可能解困脫險。

　　在中世紀早期，法律規定騎士們每年要為領主服役40天，但是實際要視具體情況而定。騎士的巔峰時代是在十字軍東征時期，包括著名的聖殿騎士團、聖約翰騎士團、條頓騎士團等軍事組織在這一時期建立，這些騎士團享有極高的榮譽，有權不納稅，且從東方帶回大量財寶，在各個帝國中不可一世。甚至很多國王都願意以騎士自命，包括「獅心王」理查、英王愛德華一世、法王路易七世、法王路易九世、德皇腓特烈一世、德皇腓特烈二世都參加過十字軍東征，被稱為「國王騎士」。而英王愛德華三世還在溫莎城堡設了一個大圓桌，像是傳說中的「亞瑟王和他的圓桌武士」的樣子，被人們傳誦為一時的佳話。但隨著十字軍東征最終失敗，騎士階層漸漸沒落。這也充分說明，尚武精神引發的戰爭只能開出血淚之花，卻結不出幸福之果。

諸神的聖殿
——雅典衛城

如果選一張照片來代表希臘，愛琴海邊雅典衛城的斷壁殘垣會是唯一的答案。蔚藍色的海水孕育了偉大的希臘文化，在人類的歷史上，這裡曾是整個世界精神與理想的中心。荷馬、蘇格拉底、亞里斯多德……每一個名字都是歐洲文明的堅固基石，人類智慧的光明巔峰。

雅典娜守護的城邦

參天的柱廊映襯著愛琴海的碧波，雅典衛城的斷壁殘垣直至今天仍然能夠昭顯出昔日的輝煌與威嚴。它距今已有3000年的歷史，是古代祭祀雅典守護神雅典娜的聖地，每逢宗教節日或國家慶典，雅典的公民們就列隊上山祭祀這位象徵著智慧與勝利的女神。

作為歐洲藝術與文化核心內容之一的古希臘神話世界，是在西元前8世紀荷馬時代建立起來的。從美好的神話中，古希臘人形成了諸神的信仰，他們相信白雪皚皚的奧林匹

雅典衛城
城堡東西長280公尺，南北寬130公尺，是希臘最傑出的建築群。

斯山上居住著以宙斯為首的12位主神。而希臘的守護者雅典娜是眾神之王宙斯吞下大洋女神墨提斯後孕育的，她從父親的頭顱中誕生，是宙斯鍾愛的女兒。根據神話，她降生的時候，大地為之震動，光明之神為之停步不前，海浪大作，光芒四射，金雨降落大地。她一出世便是一位手持神盾、身披戰甲、美麗而威嚴的少女。她出生時所展現的威力，使其被人們尊

·古堡 檔案·

◆｜國家｜：希臘
◆｜始建年代｜：前8世紀
◆｜英文名稱｜：Acropolis of Athens
◆｜相關人物｜：雅典娜

世界風華館 系列

為女戰神。她擁有傲視奧林匹斯的智慧，因此又是代表思想與智慧的神明。對以她的名字命名的城市——雅典——的居民們來說，雅典娜是全能的，她代表了純潔與光明，是真理的化身。雅典人認為他們的創造力和民族精神都來自於雅典娜的神力。

在古希臘神話裡，雅典娜並不是最早來到雅典的神祇，最早來到這裡的是海神波塞頓，那時這片土地還被稱為阿提卡。波塞頓自大海中現身，踏上這片土地，把他的三叉戟插在高城的中央。雅典娜隨後而至，她也被愛琴海邊這片美麗的土地所吸引。誰能成為阿提卡的保護神？主神宙斯讓他們各自拿出一份獻給阿提卡人的禮物，看誰能給阿提卡人帶來更多的福祉。波塞頓舉起海神的三叉戟搗了搗大地，地上頓時湧出了一股清泉，泉水帶有鹹味，能治百病。這時，雅典娜不慌不忙地在泉水旁種上了一片果實纍纍、象徵和平的橄欖樹。眾神最終判定雅典娜的神蹟更有益於人們，因此決定把阿提卡的統治權交給她，雅典娜便用自己的名字稱呼這座城市為雅典，並成為這裡的保護神。人們為了表示對她的崇敬，在雅典的最高處為她建起了一座恢弘的神殿，這就是至今依然矗立在雅典衛城最高處的、舉世聞名的帕德嫩神廟。

文明與野蠻的交戰

雅典衛城座落在今天希臘首都雅典城西南，建造在海拔150公尺的石灰岩山岡上，面積約為4平方公里。整個高地東面、南面和北面都是懸崖絕壁，地形險峻。所以，衛城也被人們用希臘語稱為「阿克羅波利斯」，意思是「高處的城市」或「高丘上的城邦」。

古代希臘的城市往往建有神廟，和平時期是祭祀的場所，戰時則是城市的防衛要塞。衛城也不例外，它建有堅固的城牆，並依託著自然的山體，人們只能從西側進入城中。衛城最初建於西元前800年，後遭戰火毀壞。西元前5世紀中葉，在希波戰爭中，希臘人擊退了入侵的波斯人，作為希臘提洛同盟的盟主，雅典在戰後進行了大規模的建設。約西元前437年，雅典執政官伯里克利委託著名建築雕刻大師菲迪亞斯開始

(左圖）智慧女神雅典娜（右一）與藝術女神繆斯（右三）。

(右圖）列奧尼達在溫泉關

西元前480年，波斯大軍遠征希臘，而雅典聯合斯巴達共同對抗波斯。斯巴達王列奧尼達率領300勇士在溫泉關浴血奮戰，最終全部壯烈犧牲。溫泉關戰役之後，希臘人為斯巴達勇士立起了墓碑。

了大規模重建，重建工程的重點就在衛城。在這項工程結束後，雅典衛城成為了古希臘建築和雕刻藝術最高水平的展示中心，衛城山門、帕德嫩神廟、伊瑞克提翁神廟、勝利神廟……達到藝術成就巔峰的希臘文明在這座城中凝聚、濃縮並固化在大理石上，如今這裡的每一根石柱，甚至每一塊碎片都是人類藝術寶庫之中的瑰寶。

希臘地區多為山地，土地貧瘠，糧食產量很低，自然條件造成了古希臘時期小國寡民的狀況。在這樣一片狹小的土地上，分布著大大小小200多個城邦，這些城邦的面積都比較小，例如：雅典的面積僅相當於北京的1/4，一般而言每座城邦的人口人約在數千人左右。

雅典對希臘境內其他城邦的控制和剝削引起了越來越多的不滿，伯羅奔尼撒戰爭終於爆發，衛城又一次面臨著戰火的考驗。這場戰爭從西元前431年一直持續到西元前404年，最終戰敗的雅典不得不與斯巴達簽訂和約，被迫解散提洛同盟。斯巴達的統帥呂山德羅斯耀武揚威地進駐雅典衛城，宣佈廢除雅典民主政體，雅典文化和政治的黃金時代就此結束。

斯巴達在歷史上以勇武著稱，他們雖然擊敗了強大的雅典，但自身卻剛剛脫離蒙昧，幾乎沒有任何像樣的科技和文化成就。事實上，根據歷史記載，即使是在他們歷史上最繁榮的時期，斯巴達城也只不過是由一些普通民房組成的數個村落的集合體而已，直到西元前4世紀，斯巴達人才學會修建城牆的技術。這是一個徹頭徹尾的軍事管制國家，婦女

同樣被要求參加體育鍛鍊，因為只有這樣，她們才能生下強健的嬰兒。所有有缺陷的嬰兒都沒有生存權利，一生下來就會被直接殺死。男人被當作戰爭工具，兒童從7歲開始接受軍事訓練，住在軍營中一直服役至60歲。整個王國之內不存在任何經濟因素，所有繁雜勞動均由被俘虜來的希洛人奴隸完成。

斯巴達崇尚為國犧牲，認為在戰場上為國捐軀便是自我價值的最大體現。在一段時間內斯巴達人橫掃整個希臘半島，戰無不勝，攻無不克。然而在接下來的西元前4世紀，馬其頓人亞歷山大開始在希臘扮演主角。亞歷山大是古代馬其頓的國王，歷史上傑出的政治家和軍事家。馬其頓本來是希臘北部一個貧瘠落後、默默無聞的城邦，到亞歷山大的父親腓力二世時，這個城邦逐漸走向強盛。西元前338年，腓力二世擊敗反對他的希臘城邦，確立了他在全希臘的霸主地位。2年後，腓力二世遇刺身亡，年僅20歲的亞歷山大繼承了王位。

亞歷山大自幼興趣廣泛，他聰明勇敢而又桀驁不馴。他的父親腓力二世為他聘請了當時希臘「最博學的人」亞里斯多德作家庭教師。少年時期的亞歷山大學習了多方面的知識，尤其迷戀軍事。跟隨父親征戰的經歷使他積累了豐富的政治、軍事經驗，也在心底埋下了征服世界的宏大夢想。腓力二世遇刺後，被征服的其他希臘城邦認為亞歷山大年輕可欺，是一個擺脫馬其頓帝國統治的天賜良機，他們紛紛起義暴動，但很快被亞歷山大所平息。

🌸亞里士多德（左）與亞歷山大（右）
亞歷山大13歲時便師從亞里士多德，但年輕的王子更醉心於跟隨父親學習兵法。

為了實現自己征服世界的夢想，西元前334年的春天，亞歷山大率領馬其頓希臘聯軍踏上東征的道路，向希臘的宿敵波斯宣戰。他率先侵入小亞細亞，一路所向披靡，迅速征服西亞諸國及北非的埃及，然後揮師向東，直指巴比倫，攻入印度。在巴比倫，死神阻止了這位征服者的腳步，亞歷山大不幸感染瘧疾，死於西元前323年，當時他還不到33歲。歷經11年的縱橫馳騁，亞歷山大在他身後留下了一個覆蓋三大洲的帝國，希臘歷史進入「希臘化時代」。經過數十年的戰亂，在歐、亞、非三洲的廣大地域內出現了以托勒密王國、塞琉古王國、馬其頓王國為主的一批「希臘化國家」。

古希臘神話指一切有關古希臘神、英雄、自然和宇宙歷史的神話，他們大多源於希臘文學，如：荷馬史詩《伊利亞特》和《奧德賽》。而十二主神是古代希臘神話傳統崇拜的諸神中的主要神，他們居住在奧林匹斯山上。這十二位神祇相對於其他神祇更為重要，被稱為奧林匹斯十二主神。他們掌管著自然和生活的各種現象與事物，組成以推翻了父親統治的宙斯為中心的奧林匹斯神統體系。希臘諸神包括：眾神之王宙斯、天后赫拉、冥王黑帝斯、海神波塞頓、太陽神阿波羅、愛神阿芙蘿黛蒂、旅行者之神赫耳墨斯、穀物女神德墨忒爾、火神和鍛冶之神赫斐斯托斯、酒神戴奧尼索斯、狩獵女神阿爾忒彌斯、智慧女神雅典娜和戰神阿瑞斯。神與人同形同性，有男有女，既有人的體態，也有人的七情六慾，他們會嫉妒，會戀愛，會結婚，也會產生婚外情。神喜歡干涉凡人的活動，神與神之間存在爭鬥，他們也有「宮廷政變」。神與人唯一的區別僅僅在於前者永生不死，青春常保；後者生命有限，有生老病死。

亞歷山大的東征大大開拓了希臘世界的疆域，促進了東西方文明的交流與融合，希臘的文明隨著他的東征鐵蹄進入了東方。同時，大量的東方思想也流入希臘。東西方的古老文明在這時開始碰撞交融，互相影響，互相豐富，從而揭開了人類歷史上一個新的篇章。

來自羅馬的仰慕與屠殺

西元前299年，羅馬勢力開始侵入巴爾幹半島。在以後的百年歲月裡，羅馬先是通過布匿戰爭擊敗迦太基，然後轉而東進，強迫馬其頓和希臘城邦接受它的統治，最終在西元前146年完全佔領希臘，將希臘正式併入了羅馬帝國的版圖，羅馬人成為了希臘人命運的主宰。西元前30年，最後一個希臘化國家——托勒密家族統治的埃及——也被羅馬征服，古希臘的歷史隨之告終，羅馬帝國徹底控制了地中海沿岸地區。

在羅馬統治期間（前1世紀～3世紀），羅馬開始直接接觸並大量吸收希臘文化，羅馬的哲學、文學、戲劇、美術等，無一不是承繼了希臘文化的衣缽。大多數羅馬皇帝都是希臘文化的仰慕者，他們對希臘城市的態度十分友好。經歷了羅馬長時期的統治，希臘的古老文明反過來影響了羅馬人，武力上的征服者變成了文化上的被征服者。古希臘文化以其特異的風采和卓越的成就享譽後世，成為西方文明的源頭之一。黑格爾甚至曾說：「一提到希臘這個名字，在許多歐洲人心中，自然會引起一種家園之感。」而愛倫·坡、拜倫、雪萊、王爾德則在吶喊「光榮屬於希臘」、「我們都是希臘人」。

世事永遠變幻無常，衛城迎來的除了仰慕，還有屠殺。西元前87年，在希臘各個城邦開始反對羅馬統治的時候，遭到了羅馬統帥蘇拉的報復。他圍攻雅典，血洗了這座文明古城。經歷了兩個半月的攻防戰之後，羅馬人攻上了雅典城牆。雅典衛城成為雅典人死守的最後一道防線，他們的失敗不可避免，但他們卻成功地阻擋了80萬羅馬人進攻的腳步。雅典失陷，共有13.7萬羅馬人和5.7萬希臘人戰死於此。

威尼斯人的炮彈

雅典衛城代表著希臘建築的最高水平，而座落在衛城中央最高處的帕德嫩神廟則是這頂皇冠上最奪目的一塊寶石。神廟基座占地面積達2130平方公尺，有半個足球場那麼大，46根高達10公尺的大理石柱撐起了神廟。神廟內部供奉著一尊高達12公尺的雅典娜神像，這尊全希臘最高大的雅典娜神像由建築雕刻大師菲迪亞斯親手製作，女神的肌肉用象牙製成，而鎧甲則是純金打造。這座建築從開始興建、開始封頂，到神廟中的各項雕刻完成，前後共用了10多年。

然而就是這樣一座巨型藝術品，曾先後遭到其他國家的輪番踐踏。羅馬人佔領希臘後，希臘的諸神被當作異端，神殿也被改為基督教堂。從14世紀開始，土耳其人佔領了雅典，神殿又被改成了清真寺。146年，神廟正殿裡那尊雅典娜的華貴雕像被羅馬帝國皇帝運往君士坦丁堡，後來便不知去向。

遭到多次掠奪的神廟最後只剩下堅固厚重的本體僥倖存留下來，而堅固的構造又常常使它淪為佔領軍的軍火庫。1687年，威尼斯軍隊進攻雅典，包圍了固守衛城的土耳其人。交戰中一顆炮彈落入充當軍火庫的神廟，引起了大爆炸。在沖天的火光中，帕德嫩神廟的中部轟然倒塌。

19世紀初，英國貴族埃爾金以拯救衛城藝術品為名，將大理石建築裝飾和雕刻切割後運回英國，這些藏品至今散落在大英博物館、羅浮宮等地。希臘政府從未放棄過對先人遺產的追討，但至今未見成效。曾經輝煌的帕德嫩神廟現在只是俯瞰愛琴海的山岡之上一片林立的石柱。

每一個到過雅典衛城的人都會從歷經滄桑的帕德嫩神廟感受到一份無言之美。坍塌的屋頂、殘損的石柱和蕩然無存的雕像絲毫無損於她的美麗，從巍然屹立的柱廊中，人們依舊可以感受到古希臘高超的建築藝術。站在遠處遙望衛城，一根根大理石巨柱伸向天空，純白耀眼，把衛城襯托得典雅聖潔，有如守護的雅典娜女神，無論多少年過去，都在默默地俯視著她的子民。

帕德嫩神廟
這座有「希臘國寶」之稱的巍峨建築曾在6世紀時被改作基督教堂。

與自由共存亡

── 馬薩達城堡

馬薩達城堡是猶太人在羅馬人的進攻下堅守的最後一座壁壘，當這最後的自由之地也無法保有時，城堡中的967名猶太人選擇了集體自殺。馬薩達之後，猶太遺民開始了在世界各地長達19個世紀的流浪。

多災多難的猶太民族

想要理解這段令人動容的慘烈故事，我們需要從猶太人的歷史講起。而關於猶太民族的歷史，人們更多的是從《聖經》中得知的。

猶太人認為有位叫耶和華的神創造了世界和人類的祖先——亞當和夏娃。但這兩個人僅僅是遠古人類的祖先而已。在亞當和夏娃繁育了10世後代後，耶和華認為人類的生活是罪惡而墮落的，於是用一場大洪水消滅了人類，只留下品德優良的諾亞一家，這便有了《聖經》中「諾亞方舟」的故事。諾亞才是現代人類的祖先，猶太人認為諾亞的長子是猶太人的祖先，次子是埃及人的祖先，幼子是希臘人的祖先。諾亞又繁育了10代的後代，出現了一位叫亞伯拉罕的酋長，他帶著猶太人在迦南地（今巴勒斯坦）定居。亞伯拉罕唯一的兒子以撒生下一對雙胞胎——以掃和雅各。雅各後來依神的指示改名為以色列，他是現代以色列人的遠祖。雅各帶領猶太族人移居到繁華的埃及，在那裡平靜地生活了數百年。

天有不測風雲，幾百年後的埃及法老拉美西斯二世忽然開始排斥猶太人，大批猶太人淪為奴隸，生活悲慘。有為青年摩西帶領猶太人逃回了巴勒斯坦，並恢復了猶太人對耶和華的信仰。西元前1020年左右，為了和希臘人爭奪巴勒斯坦地區，猶太人加強了民族內部的統一和中央集權，開始效忠於世襲的國王。經過掃羅王、大衛王、所羅門三位國王的苦心經營，巴勒斯坦全境統一，王國版圖異常遼闊。這是

·古堡　檔案·

◆ | 國家 | ：以色列
◆ | 始建年代 | ：前113年
◆ | 英文名稱 | ：Masada Fort
◆ | 相關人物 | ：希律王

以色列歷史上最輝煌的一個時期。

所羅門過世後，王國南北分裂，北方成為以色列王國，南方成為猶大王國。兩個王國內戰不休，給了強大的鄰國可乘之機，西元前723年，以色列被亞述王國消滅，西元前587年，猶大王國被巴比倫消滅。亡國和淪為奴隸的痛苦無法排解，猶太人開始在這一時期編寫《聖經》。

發現摩西

拉美西斯二世曾下令殺死所有猶太新生男嬰，摩西的母親不得已將他放在竹籃中隨水飄流，幸好被法老的女兒發現並收養，才倖免於難，並在王宮裡自由地長大成人。

歷史的風雲變幻莫測。轉眼之間，不可一世的古埃及、古巴比倫、亞述、波斯、古希臘這些強大帝國竟然被年輕的馬其頓王亞歷山大一一擊敗，馬其頓帝國在短短6年內統一了當時已知的舊世界，從西亞到北非以至南歐，到處都在忙著改朝換代，這使得部分猶太人得以乘機逃回巴勒斯坦，他們夢寐以求的故鄉。但是，亞歷山大大帝不到33歲就身亡了，巨人倒下後的世界陷入一片混亂。巴勒斯坦在這種亂世之中再也得不到安寧，強弩之末的古埃及和敘利亞都在試圖搶掠它。最終，強大的羅馬帝國接手了世界霸主的地位，西元前40年，希律靠投靠羅馬權貴，當上了以色列的國王，他就是後來名聲不佳的希律王。在希律王死後，羅馬向以色列真刀實槍地動武了，很快巴勒斯坦全線失守，一位名叫弗拉維奧‧約瑟夫斯的司令官在戰敗後死裡逃生，滿懷悲慟地記下了當時發生的故事，編匯成了一本著名書籍——《猶太戰記》。我們的故事正是從這本書中得知。

最後的自由之城

馬薩達城堡位於大漠和死海之間的一座岩石峰頂上，古堡東側是懸崖，從那裡向下望去是幻景般蔚藍的死海；西側也是懸崖，腳下是無垠的紅色沙漠。馬薩達城堡所在的山頂比較開闊，城牆長1公里。通往城堡的路是沿東側懸崖盤旋而上，當地人稱之為「蛇道」。「馬薩達」這個名字最早出現在希臘文著作中，本來就是猶太方言中「城堡」的意思。

馬薩達城堡最早由猶太大祭司約拿單‧麥卡比率領猶太人建造，目的是為

世界風華館 系列

133

了與敘利亞人作戰。西元前40年，因為內戰爆發，希律王曾在這裡避難。在這一時期，他認識到這座天險有朝一日一定能在戰爭中發揮重要作用。在他被羅馬元老院指派為以色列國王後，便決定在這裡修建一座攻防要塞。這樣，馬薩達城堡不僅能在南北內戰中發揮作用，還能給受到凱撒支持而野心勃勃的埃及艷后克麗奧佩脫拉一點警告。

城堡的建造動用了不小的人力、財力，集中體現了當時以色列的建築水平。希律王年輕時曾到羅馬覲見過，見識了當時世界上最高明的建築技術和最奢華的宮殿，對古希臘和古羅馬的建築風格十分欣賞。但以色列不是羅馬，這裡氣候乾燥，普遍缺水。不過這也難不倒希律王，他命人在山腳下的低窪處聚集冬季的山洪，再通過槓桿和牲口將水運上城堡內的蓄水池。這些巨大的蓄水池存水總量達4萬立方公尺，不僅能讓國王在這個沙漠城堡中洗澡，甚至能任他在其中游泳。城堡中的土耳其浴室還可以讓人洗到熱水澡或蒸桑拿浴，而這些浴室也像羅馬浴室一樣鋪金飾銀，裝飾華美。

建成後的馬薩達城堡共有三層防衛結構，由38個10公尺高

基督受難
耶穌受了無盡的苦難，只為將愛的福音傳播給人類。據說在耶穌出生時，有先知預言上帝之子在伯利恆降生並將成為以色列之王，希律王便下令殺死伯利恆所有的嬰兒。

馬薩達城堡位於死海西海岸荒涼的石壁之上，它見證了猶太人歷史上最悲壯的一夜，因此被稱為「悲劇之城」。

的碉堡組成，碉堡內貯藏著豐富的糧食和武器。城堡中有羅馬風格的拱門、瞭望塔、宮殿、劇場和墓碑，一些房間裡還有供猶太教徒祈禱用的經卷。

西元70年，羅馬大軍席卷以色列全境，無數的猶太人被殺或淪為奴隸，倖存者漸漸退往馬薩達城堡。當年城堡中聚集了967人，包括老弱婦孺。1.5萬羅馬大軍在城堡邊築起斜坡，爬到斜坡上用巨弩、弓箭攻城，而城裡的戰士則用石頭還擊。當羅馬大軍使用巨大的破城槌和拋石機將城牆撞破一個缺口，城內的抵抗者就迅速將它補好。就這樣，一邊敲一邊補，依仗城內充沛的糧食、武器和淡水儲備，3年過去了，城堡還是沒有被攻克，這真是一個奇蹟！

而此時的羅馬人終於醒悟過來，派兵切斷了供水通道。以色列人試圖保護水源，但是在敵眾我寡的情形下無法做到。西元73年4月15日，這一天在1200年羅馬帝國的輝煌史冊中也許微不足道，但這一天是馬薩達城堡陷落的前夜，967名猶太人在他們最後的自由之城中，決定集體自殺。

以死捍衛尊嚴

他們先用抽籤的方法選出10個人來，其餘的人回到自己家人妻小的身邊躺好，讓這被選出來的10個人割破自己的喉頸，然後安詳地挽著家裡人的手嚥氣。而10個「殺人者」則再抽一次籤，選出1個人殺死其他9個人。最後一個人留下來檢查全部的屍體，看看是否所有人都已嚥氣，再放一把火燒掉所有宮殿和剩餘的糧食，最後用長劍自盡。

第二天黎明，羅馬人攻進城堡中，只見地上躺著967具屍體，用來抽籤的貝殼還散落著。羅馬人不得不承認，以色列人是值得尊敬的對手，他們用剛硬的氣節和無悔的滅亡挽回了自己的尊嚴。馬薩達城堡將不會再陷落了，因為志士之血早已澆鑄了它的不朽！

血與火的交織
——卡爾卡松城堡

卡爾卡松城堡是目前歐洲現存的最大一座中世紀城堡，也是中世紀最著名的軍事要塞之一。歷史上，這裡屢經戰火洗禮，羅馬人、歌德人、阿拉伯人、法蘭克人都曾在這片土地上英勇戰鬥，他們的鮮血染紅了這裡的一切。如今，這裡盛產紅葡萄酒和紅玫瑰，當地人說，這裡的紅色是歷代祖先血液的顏色。

克拉斯夫人的鐘聲

　　卡爾卡松城堡位於法國奧德河東岸高地邊緣的卡爾卡松古城內，這座古城的歷史可以追溯到西元前6世紀，由於它位於大西洋與地中海之間、中歐大陸通往伊比利亞半島的必經之地，因此屢經戰火。西元前1世紀，卡爾卡松是羅馬人的一座要塞城市，到了3世紀時，戰火波及到這裡，於是羅馬人開始在此地建造城堡，並沿著陡峭的懸崖峭壁築起雄偉的城牆和高高的箭塔。隨著羅馬人和歌德人之間的戰爭越來越頻繁，卡爾卡松城堡也不斷擴建，到了4世紀時，這座城堡已經變成了一座巨大宏偉的軍事要塞。當時有一位前往耶路撒冷的朝聖者將卡爾卡松城堡譽為「城堡中的城堡、要塞中的要塞」。這座要塞在5世紀時被歌德人攻下。在這之後的200多年中，卡爾卡松城堡成了歌德人在北方邊陲的一座軍事重鎮，被繼續加高加厚。725年前後，城堡又一次易手，這次是阿拉伯人統治了這塊土地。

　　在阿拉伯人佔領城堡時期，法蘭克國王查理大帝曾率軍進攻這裡，當時守衛城堡的撒克遜貴族克拉斯在突圍中被俘，他拒絕投降並改信基督教，於是被殺。克拉斯的妻子繼續帶領人民抵抗查理大帝的進攻。城堡裡人手不足，克拉斯夫人便在每座塔樓上都豎起幾個手持弓箭的稻草人，並派士兵沿著城牆往返巡邏，從不同的地方向敵人射箭，又叫士兵們不斷變換帽子和服裝的顏色，給敵人造成城裡兵多將廣

·古堡　　　檔案·

◆｜國家｜：法國
◆｜始建年代｜：3世紀
◆｜英文名稱｜：Carcassonne Castle
◆｜相關人物｜：克拉斯夫人

的假象。

　　在足智多謀的克拉斯夫人領導下，查理大帝的軍隊圍城5年都未能攻破城堡，可是城堡裡也幾乎彈盡糧絕。這時，克拉斯夫人竟將最後半袋小麥餵給了一頭豬，在眾人迷惑不解的時候，她命令士兵將豬拋出城外。查理大帝的士兵們發現豬肚子裡都是小麥，以為城裡的糧食仍然非常充足，軍心大沮，於是撤軍。克拉斯夫人敲鐘慶賀，卡爾卡松的名字也由此而來。克拉斯夫人的名字在法文中寫作「Carcas」，而敲鐘在法文中是「Sonne」，「卡爾卡松」（Carcassonne）實際上就是「克拉斯敲鐘」的意思。直至今天，城堡大門前還豎立著克拉斯夫人的雕像。

　　後來，查理大帝與克拉斯夫人達成了協議，卡爾卡松成為了法國一個獨立的郡縣，而克拉斯夫人則歸順查理大帝，改信基督教，並繼續以卡爾卡松城堡主人的身分居住在這裡。查理大帝還命一個法國貴族與她結婚，後來他們兩人成為了統治卡爾卡松地區貴族家族的創始人。

卡爾卡松城堡的城牆是歐洲保存最完好的中世紀古城牆。

輝煌之後的沒落和新生

　　12世紀是卡爾卡松城堡最為輝煌的時期。那時候正是法國卡佩王朝統治時期，卡佩王朝歷代君主都有很強的憂患意識，在鞏固邊防上投入了很大的人力物力，卡爾卡松城堡也隨之擴大到了一個空前的規模。城堡的主人托蘭卡維爾（克拉斯夫人丈夫的姓）家族悉心經營著這個地中海邊的小小公國，最後一位統治者的母親阿黛拉依德子爵夫人聚集了大批當時最負盛名的吟遊詩人，鼓勵他們創作和吟唱，推動了那個時期整個地中海文化的繁榮和發展。

　　13世紀之後，卡爾卡松城堡走向了下坡路，托蘭卡維爾家族的最後一任統治者雷蒙德·托蘭卡維爾因保護被教會迫害的純淨教派教徒，給卡爾卡松城堡招來了滅頂之災。西蒙·蒙特福特率領教皇十字軍攻克了卡爾卡松城堡，雷蒙德不久死於獄中。

　　佔領了城堡的西蒙·蒙特福特大肆剝削卡爾卡松城的居民，卡爾卡松人不堪壓榨，群起反抗，甚至連當時的法國國王路易九世都被驚動。後來路易九世在卡爾卡松城堡下修建了新城區，將憤怒的居民遷往那裡居住，才平息了這場暴亂。時光荏苒，又是300年過去，1659年，法國吞併了西班牙在庇里牛斯山附近的土地，卡爾卡松因此從邊境變成了內地，軍事作用大不如前，卡爾卡松城堡也就漸漸荒廢，被人們遺忘了。

　　失去了主人的卡爾卡松城堡得不到很好的維護，在漫長歲月的風霜中逐漸損毀崩壞，直到19世紀中葉，居住在城堡中的讓·保羅先生不忍看到這宏偉的建築就此在歷史中消失，於是向當時的法國國家歷史遺跡總管、大文豪普羅斯佩·梅里美求助。梅里美親自前往卡爾卡松考察，他被城堡的壯麗景色所感動，在這裡整整住了一個月，並寫下了著名的遊記體散文《法國的南方》。「壁壘、塔樓、稜堡、城垛、碉樓，還有成片的葡萄園，舒緩的河流和蔭翳的道路。真是奇異無比，浪漫到家了⋯⋯」在梅里美筆下，

❋彩色玻璃上的查理大帝
查理大帝（768～814在位）一生中發動了50餘次戰爭，其中有一次就發生在卡爾卡松城堡。

卡爾卡松城堡的兩道城牆和其身後的52座塔樓是城堡中最為壯觀的建築，城牆的望樓、吊橋、壕溝和護城河至今保存完好，52座塔樓均有自己的名字。內牆和其中的17座馬蹄形塔樓是古羅馬時代的建築，而長達3公里的外牆和其他的塔樓則是歌德式風格。

卡爾卡松這座「長著青草，沐浴著陽光，向著山脈延伸的中世紀老城」竟是如此的鮮活生動。

在梅里美的推動下，法國國王拿破崙三世委派奧列公爵負責制訂保護和修復卡爾卡松城堡的計畫，誰知這個計畫卻引起了人們曠日持久的爭論。當時的著名建築師維奧爾特公爵認為卡爾卡松城堡會越來越引起世人的關注，因此應該對其進行大規模的重建，並堅持要用胡椒粉瓶狀的塔樓來詮釋卡爾卡松的中世紀風格；而著名的考古學家桑特拉爾先生卻堅決反對，他的理由是：任何的修繕或重建都會破壞卡爾卡松城堡的歷史風貌，讓它自然地存在才是對中世紀文化的最好詮釋。這場爭論整整持續了100多年，直至1973年方才塵埃落定。

1973年10月，聯合國教科文組織世界遺產保護委員會主席德蘭先生來到卡爾卡松，在這裡進行了為期兩週的考察，德蘭先生驚訝地發現，卡爾卡松這個有著2000年歷史的小鎮，在人文、建築及歷史上，對法蘭西文化的影響都堪稱經典，而卡爾卡松城堡則堪稱是中世紀城堡史上的領銜之作。1974年2月，聯合國教科文組織授予卡爾卡松城堡「歐洲最古老的城堡」和「世界文化遺產」稱號，並由法國政府和聯合國文化基金會共同撥款，對卡爾卡松城堡進行大規模的修繕。

如今，卡爾卡松城堡內處處可見由盾和劍組成的城徽，象徵著它經歷的無數次血與火的洗禮。城堡出產一種著名的紅葡萄酒，其釀造歷史已有近千年，酒色鮮紅如血，酒質濃烈強勁，當地的人認為這種酒中含有祖先的血液，對它推崇備至。卡爾卡松的代代子民就是飲著這如血的美酒，在這片浸滿鮮血的土地上，傳承著祖先的無數傳奇。

明堡暗道的千古迷霧
——張壁古堡

張壁是位於山西省介休市的一個古堡似的村落。1994年，一個發現打破了這裡人們原本平靜的生活。這個古堡式的村落地下竟隱藏著一個長達約3公里、結構複雜而精巧的古代軍事地道。這個地處山巒的村落為何會存在這樣複雜而又規模巨大的地道？它古堡似的外觀與地道之間又有怎麼樣的關聯？

地道建造之謎

「地上明堡，地下暗道」，張壁這種類似軍事堡壘的建築模式被發現後，無論是遊人還是學者，都想親自來這裡一探究竟。建築史學家賴德霖就曾對張壁古堡的地道做過仔細考察，他在文章中說：「地道內寬處可並行兩人，窄處僅通過一人。大部分區段高不足1.8公尺，個子稍高的人只能彎腰弓背前行。洞壁上，每隔幾步便有用鋤頭挖出來的一個凹坑，可能是放置油燈的。在上層地道有兩處較寬的土洞，沿壁挖有餵養牲畜用的飼料槽。還有幾處土洞，村民們猜想它們是指揮部用的『將軍窯』和收監俘虜的『俘虜洞』。它們附近還有三個可容一二個人躲藏的『貓耳洞』。前去考察的軍事專家稱之為『伏擊窯』。」

張壁地道中還建有水井、排水口、通風孔、馬槽、瞭望眼和指揮窯等，如此龐大複雜的地下工程，如

🌀 張壁古堡一角
整個古堡按龍形設計，一條長約300公尺的石板街道象徵龍身，街道中央三列平行的紅色長石條象徵龍脊。

此浩大的工程量，絕非一時所為，也絕非民力能及，那麼它究竟是誰主持建造的呢？更為蹊蹺的是，如此規模巨大的工程，在歷朝史料上竟然沒有留下絲毫的有關始建年代與建設緣由的記載，在地方志上也遍尋不到絲毫的痕跡。種種這些，為已經擁有無數謎題的張壁古堡更添了一分神祕。

考古學家曾經在張壁不遠處發現了一處古墓葬，在墓室中，考古人員發現了一塊墓誌銘，上面記載的時間是「維大定四年」，表明這座墓葬是1164年修建的。墓誌上還刻有「汾州靈石縣張壁村」幾個字，也就是說，最晚在金朝時，這裡已經被人們稱做張壁了。依此推測，張壁古堡的建造年代最遲不應該晚於金代。

·古堡 檔案·

- | 國家 | ：中國
- | 始建年代 | ：不詳
- | 英文名稱 | ：Zhangbi Castle
- | 相關人物 | ：劉武周

但人們還是沒有發現任何有關古堡下的神祕地道的記載。更為可惜的是，由於年代久遠，加上地震和洪水的侵襲，地道內多有塌陷，如今，地道的全貌已經沒有人能知曉了。

1994年，張壁村民發現古堡的地道後，曾有好奇的村民們對其進行了探察和清理。沒有專業考古發掘經驗的村民在清理地道時，嚴重損壞了地道的原始洞壁，許多可能潛藏於其中的歷史訊息隨著地下的黃土，一起掩埋在了村外的土壤中，而張壁地道依然籠罩著神祕又厚重的面紗。

劉武周與可汗廟

張壁的居民世世代代傳著一個故事：隋大業十三年（617），天下大亂，群雄逐鹿，張壁一帶是當時割據一方的梟雄劉武周的屯兵之處，這裡的古堡就是他所修建的，如今張壁居民的祖先便是劉武周軍中兵丁的後裔。這個傳說似乎也可以解釋為什麼這裡名為「張」壁，村中居民的姓氏卻並不相同，除張、賈、靳、王是村中四大姓外，還有很多其他的小姓。

劉武周是隋煬帝的武臣，曾在馬邑任鷹揚府校尉一職。617年，他與張萬歲等人殺死當地太守王仁恭，打開官倉向百姓發放糧食，然後招募了1萬多名士兵，自稱太守，扯起造反大旗。為了在當地站穩腳跟，劉武周派人聯繫突厥，借來突厥騎兵擊敗了圍剿他的隋將，然後趁熱打鐵，一口氣佔領了雁門、樓煩、定襄等郡。突厥人見劉武周能征慣戰，便將他封為定楊可汗，意欲將他作為日後進軍中原的跳板。

619年，劉武周接連攻下并州、榆次、平遙、介休，兵鋒直指李唐王朝的發祥地晉陽，駐守晉陽的李元吉抵擋不住，連夜逃回長安。幾

古堡中的風水學

張壁古堡既不同於晉商諸大院的大院文化，也異於平遙古城的「古城文化」。這座古堡完全是一座設施完善、功能齊全的微型城鎮。

古堡有一南一北兩座不在同一中軸線上的城門，如此設計，既遵循了古代軍事防禦的原則，同時又寓有風水不外流之意。北城甕城城門指向800公尺外的一座小山丘「照壁」，南門指向「照壁」上象徵北斗七星的七棵槐樹。南門前的街道呈「S」形，街道兩旁原來各有一水塘，它們與「S」形街道構成一幅道家的陰陽太極圖。

個月後，劉武周軍又連下晉州、絳州、澮州，囊括山西大部分土地，唐高祖李淵不得不下令唐軍放棄黃河東岸的領土，退守黃河以西。

據說當時張壁是劉武周建造的用於屯糧備戰的軍事工程。這裡背依綿山、面向晉陽，城中地道可屯兵數萬，如果戰事失利，這裡的伏兵便可立即出動，出其不意地夾擊敵人。即便周圍地區被攻陷，也可以在這裡據險而守，等待援軍。作為當時重大的軍事機密，劉武周自然會竭力將這裡偽裝成一個不起眼的普通據點，更不會到處宣揚，這也可能是修建龐大地下工程的原因之所在。如果這個推測是正確的，那麼史書上找不到任何有關張壁的記載也不足為奇。

稱霸一方的劉武周終究沒能實現他的帝王夢，620年，秦王李世民征討劉武周，劉軍大將宋金剛、尉遲恭與李世民在離張壁不遠的鼠雀谷決戰，劉軍大敗而退，緊跟其後痛打落水狗的唐軍卻很快就失去了敵人的蹤跡。也許當時的劉軍便是經由張壁地道悄然轉移，逃出生天。

史書記載，這一戰李世民消滅了劉武周的主力部隊，劉武周率領僅剩的500名騎兵棄城投奔突厥，後來，失去了利用價值的他被突厥人所殺。據說忠於劉武周的士兵將他的遺體帶回了張壁，祕密下葬。李唐王朝得了天下，當然不會允許有人祭奠它的敵人，但李淵當年也曾交好突厥，借突厥兵幫他打天下，後來李世民還被西域民族推舉為「天可汗」，因此拜祭可汗並不犯唐朝的忌諱。也許正是這些安葬了劉武周的士兵們修建了張壁的可汗廟，暗地裡拜祭他們曾經的首領，當年的定楊可汗。

可汗廟是張壁古堡內現存最古老的寺廟，一塊元代的殘碑記載了當時翻修此廟的過程，而廟中大殿屋頂上還鋪設著宋代的瓦片。這也是如今這座可汗廟所能追述的最久遠的歷史了。大殿中供奉著三尊神像，居中者身形高大威猛，相貌精明而又透出一絲猙獰，據村民說這便是劉武周的面貌，而左右兩側則是他的大將宋金剛與尉遲恭。

當然，上述這些推測都僅僅是出於史籍中一鱗半爪的猜測和村民口耳相傳的故事，並不能作為真正的信史，人們只是根據現在所能掌握的所有材料，努力拼湊出一個最接近事實的答案。

關帝廟和鐵胎泥像

在古堡的南門外關帝廟的東側，有一個用磚壘砌而成的三孔窯洞。背後緊靠古堡城牆的窯洞中間一孔裡有一座木雕神龕，龕內供奉著一尊千手觀音像，因此，這個窯洞被村民們稱作「千手觀音殿」。

「文革」時這裡被改做倉庫，這尊千手觀音像被搬走，當負責清理這裡的工人搬開神龕後，發現後面的牆壁中探出一根奇怪的木椽，好奇的工人動手撬開了後牆的灰磚，又一個牆櫃式神龕出現了。在這堵破舊的後牆之中，竟還藏有一個祕密。這個呈天圓地方形狀的神龕中供奉著一尊泥像，他赤足盤膝而坐，高1公尺有餘。奇怪的是這尊塑像並非佛教神靈，而是頭戴儒冠，身著長袍，腰部還繫著一個錦囊，分明是一副儒者打扮。發現這座神龕的工人頗有遠見，他並沒有將這個祕密聲張出去，而是按照原樣將神龕封存，塑像得以在浩劫中完好保存下來。文革過後，神龕重見天日。根據神像的服飾看來，這座塑像應是唐宋時期官員的形象，但神龕中沒有任何文字說明這尊塑像的來歷。又過了10年，一位參

觀者發現塑像肩部的泥土有部分剝落，露出了黑色的內胎。用手一摸，發現裹在泥土之中的竟然是一尊實心鐵鑄像。

根據專家考證，這座窯洞大約建造於清朝康熙年間，而根據泥包鐵像的製作工藝和人物造型來看，這尊塑像的製作年代應該遠遠早於窯洞建成的年代。在中國工藝史上，金屬鑄像一般都是分為幾個部件分別鑄造，經過拼接後才形成完整的作品，而且鑄像一般都是中空的。這種整體澆鑄的實心鐵像，還是第一次發現。這尊鐵像到底是什麼人，為什麼外表還要用泥重塑一層，又為什麼會被密封在磚牆之後，前面還要用觀音像來遮擋……這些問題就連專家也無法回答。

有一種猜測認為這尊塑像是當地居民的先人們推崇的英雄或祖先。自古這裡戰亂頗多，人們怕塑像毀於戰火，於是用關帝和觀音菩薩作為它的偽裝。細心的人還發現，神龕面對的方向正對古堡南門內可汗廟中的劉武周像。這到底是出於巧合，還是另有深意呢？至今人們也無法找到答案。張壁古堡中所隱藏的祕密至今仍然沒有被全部發掘，眾多的專家學者都期待在將來的某一天，人們會在這座古老城堡中發現另一個祕密之處，從中找到解答所有疑問的鑰匙。

平遙古城

平遙古城與張壁古堡均位於山西省內。與張壁古堡一樣，平遙古城既有完善的防禦功能，又有中國傳統文化的內涵。

聖地傳奇
——聖米歇爾山城堡

這裡是除了耶路撒冷和梵蒂岡之外的天主教第三大聖地，從建造伊始就充滿了神話色彩；這裡是天使的寵愛之地，在持續百年之久的英法戰爭中，它是永不陷落的要塞；這裡是人類建造史上的奇蹟之地，是歐洲的第一奇觀。

大天使長的人間聖殿

聖米歇爾山是法國西北部芒什省聖馬洛灣中的一座圓錐形小島，海拔88公尺，周長只有900公尺左右，整個島嶼是一塊巨大的花崗岩。聖米歇爾山在很久以前名為通布山，周圍原本是廣袤的西西森林，古時的凱爾特人曾將這裡作為祭祀神靈的地方。13世紀時，一次海嘯吞沒了西西森林裡所有的樹木，只剩下這座小島孤零零地面對英吉利海峽的潮漲潮落。小島距諾曼第海岸僅有2公里，每天有半天的時間被流沙所環繞，只有在漲潮時才能成為真正的「島」。

這樣一座小得不能再小的島嶼，卻是一座被人們稱為「歐洲第一奇觀」的奇蹟之島，這一切都得益於島上的聖米歇爾山城堡。遠遠望去，城堡恍如海市蜃樓一般漂浮於海面之上，歌德式尖頂高聳入雲，頂上金色的大天使長聖米歇爾雕像手持利劍直指蒼穹。

傳說708年的一個夜晚，在聖米歇爾山附近修行的紅衣主教奧伯特在夢中見到大天使長聖米歇爾，天使手指小島，示意他在此建一座教堂。奧伯特起初不當回事，但一連三天他都夢到了聖米歇爾。第三晚，奧伯特終於恍然大悟，當即開始在聖米歇爾山建造教堂。無數的教士和工人冒著生命危險將一塊塊巨大的花崗岩運過流沙，再運上山頂，就這樣整整花了數百年的時光，一座小教堂城堡才終於建造完成。

教堂建成後，這裡被作為朝拜聖地而逐漸繁榮起來，人們在原有的小教堂的基礎上

·古堡 檔案·

◆ |國家|：法國
◆ |始建年代|：708年
◆ |英文名稱|：Mont Saint-Michel Castle
◆ |相關人物|：奧伯特

又修建了一座宏偉的大教堂，這座大教堂是歐洲最古老的歌德式建築之一，和著名的巴黎聖母院建於同一時代。1203年，虔誠的教士們又用了25年的時間，在小島北部修建了奇蹟堂、修士食堂、騎士廳等6座建築，這些建築物的中心是梅韋勒修道院。1337年至1453年的英法百年戰爭期間，聖米歇爾山成了防禦英軍登陸的前沿陣地，修道院周圍建起了高牆，本身也被加固成一座堡壘。

法國大革命時期，聖米歇爾山開始衰落，聖米歇爾大教堂中珍藏的無數書籍和珍寶被搶掠一空，只剩下古老的城牆和精美的雕刻，許多教士離開了這個曾經的聖地。之後，革命委員會將這裡作為監獄，用來囚禁重要的政治犯，聖米歇爾山上的聖光從此不再閃耀。

🔥聖米歇爾山城堡

這是一處令人目眩神迷的奇妙景觀，大自然的鬼斧神工和人類的超凡構思完美地結合在了一起，法國大文豪莫泊桑稱它為「花崗石珠寶」。

直到1875年，一條長1.6公里的長堤將聖米歇爾山與陸地連接起來，古老的聖地再次煥發榮光。數以萬計的朝拜者蜂擁而來，每年5月第一個週日的「聖米歇爾節」前後，前來觀光朝拜的信徒更是人山人海。1966年，法國政府將修道院重新歸還教會，一小群本篤會修士居住在這裡，遵循著千年不變的宗教傳統，過著隱士般的生活。1979年，聯合國教科文組織將聖米歇爾山及城堡列為世界文化遺產。1987年，在修道院鐘樓的頂端，又豎起一座純金打造的大天使長聖米歇爾像，聖米歇爾身著金色甲冑，手持利劍，威風凜凜地站在半空中，使這座奇蹟般的城堡更加光彩奪目。

🌸（左圖）很久以前，每當潮水上漲時，聖米歇爾山就會成為一座海上孤島。漲潮的速度非常快，以至於人們稱為「跑馬速」。

🌸（右圖）聖米歇爾山四周都是峭壁懸崖，攀登起來非常困難。山頂的城堡好像是從山上長出來的，山石建築渾然一體，氣勢宏偉。

永不陷落的要塞

古時聖米歇爾山附近的居民大都以捕魚為生，大西洋中常常出現的狂風惡浪奪走了許多人的生命，漁民們認為失蹤的人是被海中惡龍所吞噬。當聖米歇爾山城堡開建後，據說有人在海中看見守護天堂入口的大天使長聖米歇爾手執利劍斬殺惡龍，從此海上的惡浪就少了許多。

這當然只是一個傳說而已，但是聖米歇爾山所處的聖馬洛灣的確以漲潮迅猛而出名。這裡的海潮被譽為全歐洲最戲劇化的潮水，每天傍晚，大西洋的潮水以10公里／小時的速度奔騰而來，剎那間便吞沒沙灘，將聖米歇爾山周圍化作一片汪洋。一年中春秋兩次大潮時，18公里之外的海水會以迅雷不及掩耳之勢洶湧而至，潮水的落差可達到15公尺，甚至曾經將整個島嶼淹沒在海浪中。過去曾有不少信徒被潮水捲入海中而喪命。現在，這裡的潮水已經成了一道著名的景觀，每年都有許多遊客專程來這裡觀潮。但是，19世紀末期修成的連通陸地的長堤加速了海灣泥沙的淤積，聖米歇爾山一個月中只有滿月和新月兩天才會被大海完全環繞。

洶湧的潮水雖然給人們帶來了許多不便，但在戰爭期間，聖米歇爾山城堡也因此得以倖存。在英法百年戰爭（1337～1453）中，119名法國騎士駐守聖米歇爾山城堡，而這座城堡是那場曠日持久的戰爭中，

英軍佔領區裡唯一始終沒有被攻克的要塞。這裡的潮水幫了守軍很大的忙，每天都有半天時間，城堡周圍的陸地會被潮水吞沒，而英軍進攻也只能限制在半天之內，稍有拖延便會被奔騰的潮水吞沒。另外，島嶼周圍看似平坦堅實的沙灘中也暗藏殺機，沙灘內部洶湧著股股暗流，站在上面的人稍有不慎便會陷入流沙。

憑藉著有利的地勢，聖米歇爾山城堡中的法國騎士們整整在這裡堅守了24年！直至今日，站在環繞聖米歇爾山城堡的城牆之上，似乎還能聽到600年前守衛這座城堡的將士們嘹亮的號角聲。

海中的奇蹟之城

聖米歇爾山城堡在歐洲的宗教和建築史上都可說是一個奇蹟，一座如此恢弘的建築聳立在一個小小島嶼的陡峭山巔，使所有目睹這一奇蹟的人都驚嘆不已。法國大文豪雨果曾不遺餘力地對聖米歇爾山的美景進行描述：「昨天我去了聖米歇爾山。這裡，應當對它堆起至高無上的一切讚美之詞，就像人們在懸崖上堆疊起建築物一樣，就像大自然又在建築物上堆疊起懸崖一樣。」

目前的聖米歇爾山城堡分為三層，每一層又被一堵高高的石牆分割為兩個部分，在每一部分都有一座主體建築。城堡的第一層中有兩間由巨大的羅馬式石柱支撐的大廳，在過去的幾百年中，這兩座大廳分別是儲存食物、供社會地位較低或是貧窮的朝聖者居住的地方。城堡的第二層有用來接待富有或是具有影響力的貴賓、信徒的長方形沙龍，以及作為修士們的書房和工作室的騎士

廳，寬闊的穹隆形頂部使用交叉拱肋加固。第三層則是修士們的生活空間，也是整座城堡最為精華的部分，兩層的花崗岩牆垛和277根雕琢精美的巨型石柱支撐著寬闊靜謐的內院與迴廊，將其托入海天之間，籠罩在夢幻般的雲霧之中。位於整座城堡最頂端的是著名的聖米歇爾大教堂，奢華裝飾在這裡蹤影全無。大殿中沒有任何精美石雕，窗上也沒有教堂裡常見的彩色玻璃鑲嵌圖案，完全樸實渾厚、平靜安詳，雄偉壯麗之中卻又平易近人。身處其中的人會感覺神聖而親切，一切浮躁似乎都隨著山巔的雲霧煙消雲散。

聖米歇爾山城堡是典型的歌德式建築群，這裡的每一棟建築、每一條拱線、每一條花紋都有如同火焰般升騰的尖峰，大大小小的尖峰錯落有致、井然有序，在海水和天空映襯下傲然獨立。它的美無法用任何人類語言形容，唯有奇蹟二字方能表達它給人們帶來的視覺震撼。

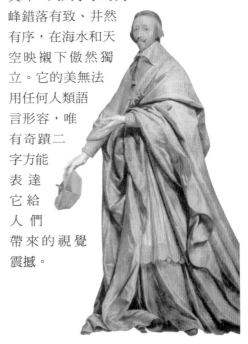

🌺紅衣主教的禮服都是鮮紅色的，這表示他們為捍衛信仰，流血捨生也在所不辭。

法蘭西民族的勃興之地
——希農城堡

金雀花王朝時代，勇敢無畏的獅心王理查和腓力二世帶領十字軍從希農城堡出發，踏上了漫漫征途。瓦盧瓦王朝時期，聖女貞德與當時還是王儲的查理七世在這裡首次見面，並開啟了她的傳奇一生。這裡可以說是法蘭西民族意識的覺醒之地，精神的濫觴之所。

獅心王的起點和終點

「獅心王」理查是他那個時代最偉大的戰士，他的一生是一個不折不扣的傳奇。1189年，獅心王擊敗他的父親亨利二世成為了金雀花王朝的第二位國王、橫跨英法兩地的安茹帝國的主人。他的一生幾乎就是由無數場戰鬥組成，與父兄爭奪王位、率領十字軍東征、擊敗篡權的弟弟、痛擊法蘭西國王腓力二世……他的敵人說他陰險狡詐、冷酷無情，並且十分貪婪，有一顆獅子般的心；而他的朋友和部下則說他英勇無畏、剛毅豪爽，卻又謀略過人，像雄獅一樣雄心勃勃。

1187年，被稱為「安拉之劍」的埃及蘇丹薩拉丁攻下了耶路撒冷。這一消息傳來，整個歐洲大為震驚，教皇烏爾班三世甚至因受驚過度而去世。在狂熱的宗教熱情驅使下，獅心王、神聖羅馬帝國皇帝「紅鬍子」腓特烈一世、法王腓力二世兵分三路領軍出征，開始了第三次十字軍東征，東征的起點正是希農城堡。

這次東征很不順利，腓特烈一世攻下科尼亞之後竟然溺死在薩列法河中，整支軍隊隨之土崩瓦解。而腓力

希農城堡位於法國中央大區安德爾—羅亞爾省，最初的建造者是瓦盧瓦王朝時期的布盧瓦伯爵西奧博爾德一世。

二世也在攻下敘利亞的灘頭陣地阿卡港後，稱病返回法國。到了這時，這場被稱為「薩拉丁戰三王」的戰爭只剩下了兩位主角——獅心王和薩拉丁。

孤軍作戰的獅心王殺死了阿卡港中的2700名戰俘，繼續向聖城進軍。他一口氣攻下塞浦路斯島，兵鋒直指耶路撒冷，幾乎打到耶路撒冷城下。1192年，薩拉丁和獅心王在距耶路撒冷65公里的雅法城展開一場大戰。在這場戰鬥中，薩拉丁看到獅心王的戰馬受傷倒地，便讓自己的弟弟給獅心王送去兩匹好馬，戰鬥結束後，還派醫生為生病的獅心王治療，並送去水果慰問。薩拉丁的騎士風度感動了獅心王，加之此時獅心王也無力再戰，於是雙方罷手言和，獅心王率軍回國。

這時獅心王已經接到消息，他的弟弟約翰勾結腓力二世計畫篡位，焦急的獅心王回到歐洲後便脫離大部隊，企圖冒險穿越德國和奧地利，抄近路回英國。誰知在維也納被奧地利大公利奧波德的手下抓獲，利奧波德將他交給了腓特烈一世的兒子——當時的神聖羅馬帝國皇帝亨利六世。卑鄙的亨利六世將獅心王當作人質進行勒索，倒霉的獅心王不得不同意支付10萬英鎊的贖金。這筆相當於當時英國王室兩年收入的錢使得忠於獅心王的貴族們幾乎全部破產。

回到英國後，獅心王輕而易舉便擊敗了弟弟約翰，奪回了王位，接著便厲兵秣馬準備向腓力二世報復。他聯合了佛蘭德伯爵博杜安九

·古堡　　　檔案·

◆ ｜國家｜：法國
◆ ｜始建年代｜：954年
◆ ｜英文名稱｜：Chinon Castle
◆ ｜相關人物｜：「獅心王」理查、貞德

世和納瓦拉國王桑喬六世，共同向法國發起進攻。腓力二世腹背受敵，節節敗退。但是巨額的贖金和連年征戰使得英國國力凋敝，再也無力支撐龐大的軍費開支。1199年，獅心王不得不與腓力二世簽訂了為期5年的停戰協議。就在這一年的4月6日，年僅42歲的獅心王離奇去世。據說他是在尋找傳說中亞瑟王的寶藏的途中中箭身亡，有人認為這其實是腓力二世安排好的一個圈套。不管怎樣，這個登基10年，卻有9年多征戰在外的馬上皇帝的時代結束了。在他的一生中，父親、兄弟、朋友都變成了敵人，而他最大的對手——埃及的薩拉丁，竟然是唯一能與他肝膽相照的人。獅心王的遺體被送到他輝煌征途開始的地方——希農城堡，之後便埋葬在距希農城堡不到10公里的豐特夫羅修道院，他父親亨利二世的身旁。

聖女貞德的傳奇之路

　　近600年前，創造神蹟的聖女貞德也曾在希農城堡中開啟她短暫而

燦爛的傳奇。

　　1429年3月8日，當時還是法國王儲的查理七世在希農城堡中見到了一個改變了他一生命運的人，一位年僅17歲且連字都不會寫的牧羊姑娘。這實在是一次不可思議的會面，一切都緣於戰爭。

　　當時的法國正處於英法百年戰爭中最危急的時刻，包括首都巴黎和國王的加冕城蘭斯在內的大片國土均已被英軍佔領，法國王室的所在地羅亞爾河谷只剩下奧爾良這最後一道屏障。困守希農城堡的查理七世束手無策，事實上，法國國王傳統的加冕城蘭斯已經被勃艮第人佔領，而法國國王的王冠則被授予了英王亨利六世。查理七世只是在法國南部的貴族支持下自立為王的，根本算不上是正統意義上的法國國王。

　　就在這個危急存亡的時刻，一個名叫博垂科特的地方部隊指揮官帶領一個牧羊女，克服重重危機，穿越了半個法國，從東北部的沃庫勒爾來到希農城堡求見查理七世。這個牧羊女就是貞德。據說貞德在16歲的時候見到了天使聖米歇爾，聖米歇爾給了這個小姑娘一個簡直不可能完成的任務——擊退英軍，護送查理七世前往蘭斯加冕為王。貞德找到當地的指揮官博垂科特，對他說：「天主要求我身著男裝，手執武器，帶領法國軍隊去衝鋒陷陣。請你送我去面見國王。」博垂科特大大嘲笑了這個不自量力的小丫頭一番，並把她趕了出去。半年之後，貞德再次來到博垂科特面前，這次她說出了令博垂科特驚訝萬分的話：「集結在奧爾良，數量與

❧貞德在獄中

貞德帶領法國人民走向勝利，卻被宗教法庭判為異端。雖然身處獄中，貞德那清澈的眼睛仍然堅定地望著未來，她身旁的主教大人有點不解地望著她。

希農羊皮紙

聖殿騎士團是在第一次十字軍東征之後成立的,是旨在保護前往耶路撒冷的歐洲朝聖者的軍事組織,總部設在耶路撒冷的聖殿山上。由於廣受朝聖者的感激,聖殿騎士團積累了大量財富。耶路撒冷被穆斯林教徒重新奪回後,聖殿騎士團撤回歐洲,但仍然維持著軍事化的組織。於是,這樣一個有著巨額財富和強大戰鬥能力的組織,引起了歐洲所有統治者的猜忌。1307年,背負巨額聖殿騎士團債務的法王腓力四世率先動手,出其不意地在全國逮捕聖殿騎士,並將他們的首腦人物德莫雷等人囚禁在希農城堡中嚴刑逼供,迫使他們承認聖殿騎士團存在瀆神、同性戀等邪惡行為,使聖殿騎士團遭到教廷的全面鎮壓。2001年,一名檔案研究員在教廷堆積如山的檔案中,發現了一張長2公尺、寬0.5公尺的羊皮紙,上面記載著當年德莫雷在希農城堡中的審訊紀錄,這份重要文獻被稱之為「希農羊皮紙」。

火力均占優勢的法軍將會被英國人擊敗。」而不久之後傳來的戰報也證實了這個預言。於是博垂科特親自護送貞德前往查理七世的所在地——希農城堡。

傳說查理七世雖然同意召見貞德,但仍對此事半信半疑,又怕是敵人的詭計,於是安排一個隨從假扮他坐在王位上接見貞德。誰知貞德進入希農城堡的大廳後,直接走向混在人群之中的查理七世,說出了他之前和幕僚們的祕密談話,並傳達了天主將要借自己之手拯救法國的旨意。具體的談話內容人們已經無從知曉,但就在這次會面後,查理七世的確將部分軍隊的指揮權交給了貞德,17歲的少女貞德就這樣舉著她那白色的旗幟,穿上別人捐贈的騎士裝備,帶著相信她的隨從,踏上了悲壯的征途。

後來的事情即使在數百年後的今天也依然為人們熟悉。貞德身先士卒,帶領法軍擊敗了圍攻奧爾良的英國軍隊,然後力排眾議,揮軍深入敵占區,直搗蘭斯城。在大大小小的戰鬥中,貞德如有神祐一般,屢次受傷,卻始終帶著她那著名的旗幟戰鬥在最前線,她的旗幟在哪裡出現,法軍士兵就奮不顧身地衝向哪裡。1429年7月16日,法軍攻克蘭斯。第二天,查理七世在蘭斯城教堂中舉行加冕典禮,終於正式成為法國國王。

第二年,貞德在一次小規模的戰鬥中被勃艮第人俘虜,並以1萬英鎊轉賣給英軍。英國人操縱宗教法庭對貞德進行審判,將她斥為「異端」,罪名包括:與魔鬼對話、藐視教堂、穿男裝、企圖自殺等12項。1431年5月30日,貞德在盧昂被處以火刑,死時不滿20歲。為了防止有人收集她的骨灰,便將灰燼拋入塞納河中。22年後,宗教法庭重新對此案進行審判,3年後宣佈貞德無罪。1920年5月16日,貞德被封為天主教聖女。

改革先驅的避難所

——瓦爾特堡

座落在德國圖林根北部山區的瓦爾特堡屹立在一個高達380公尺的山崖上，依阿爾卑斯山的餘脈而建，與周圍的森林融為一體，巍峨壯觀。城堡始建於1067年，最後完工於1170年。在近1000年的歲月中，它見證了音樂之父巴哈的誕生，接待過大詩人歌德，而真正使它聞名於世的是馬丁‧路德這個名字。

挑戰教皇的馬丁‧路德

1521年5月4日，瓦爾特堡迎來了一位神祕客人。在此後的10個月中，他住在城堡內一間小而陰暗的房間。為了偽裝，他脫掉了教士的僧袍，換上了武士的裝束，甚至還蓄起了鬍鬚。如果沒有注意到照料他生活的僕役和守衛城堡的士兵，幾乎不會有人留心這位住客，更不會想到他就是挑起了神學與國家之間長達幾個世紀的激烈鬥爭的人物——馬丁‧路德。

16世紀的歐洲，羅馬天主教會曾向民眾出售一種「贖罪券」。教士們宣稱若教徒為教會提供捐贈，在去世前就可以得到上帝的赦免，「當保險箱中的金錢響時，煉獄之火中的靈魂就會躍出」。這種做法實際上已經把神聖的信仰變成了冠冕堂皇的交易。馬丁‧路德是奧古斯丁會的教士，在德國符騰堡大學裡既做傳教士又做學者。作為虔誠的天主教

徒，他對「贖罪券」相當不滿。1517年，教皇的代表開始在德國出售這些東西。這一年10月31日的中午，馬丁‧路德把他的95篇論文貼在維滕貝格城堡教堂的大門上，對賣贖罪券及其他形式的教會腐敗行為進行攻擊，正式對教會的權威發起了挑戰。

馬丁‧路德撰寫的論文是一種誠實的憤怒，而非空洞無恥的謊言，於是他很快得到了奧古斯丁會教友的支持，並迅速成了日耳曼知識界的熱門話題。一開始，羅馬當局只是把

馬丁‧路德引起的爭論當作是教士之間的短暫爭吵而置之不理。然而到了1518年夏天，連教皇利奧十世都聽到了風聲。1520年6月15日，教皇利奧十世頒布敕書，斥責路德所寫的41份著作，命令全體人民將這些著作燒燬，並說路德

🕮 馬丁‧路德在瓦爾特堡避難時，用自己翻譯的德文版《聖經》向眾人布道。

如果肯放棄他的「錯誤」，依然可以得到原諒，重回教會的懷抱。然而馬丁‧路德並未屈服，他拒絕去羅馬面見教皇，也不肯公開收回自己的言論，因此被宣佈為異端。按照教皇的法令，所有教會的忠實信徒都應避開他，而且國家當局也應將他驅逐出境，或是遣送羅馬。事實上，雖然在德國的考洛根和拉爾問，保守主義者點起大火焚燒了馬丁‧路德的書，但在其他一些城鎮，他的支持者們卻在燒燬教皇的法令。

1521年，神聖羅馬帝國皇帝查理五世在帝國會議上決定執行教皇通諭，把馬丁‧路德定為異端，並將他交給羅馬。馬丁‧路德的朋友先行動起來，將他藏於瓦爾特堡。

風景如畫的瓦爾特堡遠離塵世，遠離紛爭，馬丁‧路德在這裡繼續撰寫他的著作，經常工作到精疲力竭。他寫信給奧古斯丁會的導師朱安‧斯托皮茲：「我控制不了自己的生命了，我盼望寧靜，但正被趕到風暴的中心。」這種焦慮使他聲稱在瓦爾特堡裡一直被一種惡魔跳躍的聲音所困擾。他還肯定地說在城堡裡見到過前來挑釁的撒旦，撒旦向他投擲胡桃，他抓起墨水瓶反擊，但撒旦卻消失了。

馬丁‧路德在這裡開始了把拉丁文《聖經》譯成德文的工作，希望讓普通老百姓也能看得懂《聖經》，德國統一的書面語言形式由此被奠定，今天這個基本形式還在使用。大詩人歌德在提到這個偉大成就時曾說：「直到路德時期，德國才真正成為一個民族。」

大師青睞的土地

瓦爾特堡矗立在艾森納赫城西郊的山巔上，站立於城堡的制高點恰巧可以俯瞰這座德國的歷史名城。城堡那堅固厚實的圍牆也見證著這片土地上發生過的一個又一個故事。

大詩人歌德在擔任魏瑪公國祕密參事一職時，為這裡的田園風光讚歎不已。他曾在艾森納赫居住過頗長時間，並協助當地居民共同重修了瓦爾特堡。今天，當人們走進城堡時，將會深切感受到歷史的迷人魅力。經過多年的增建與修繕，不論是最古老的12世紀宮殿，還是來自於15世紀的騎士大廳，抑或是建成於1859年的城堡主塔，以及它們所蘊涵著的浪漫主義、歌德式和文藝復興等風格，都彷彿帶人們走入了一次時間之旅。

艾森納赫還是中世紀吟遊詩人和宮廷歌手表演比賽的地方，在瓦爾特堡宏偉的大廳中，就留有中世紀晚期吟遊詩人的許多佳作。同時，這裡也是偉大的「西方音樂之父」約翰‧塞巴斯蒂安‧巴哈的出生地。前者是德國音樂的起源，而後者使德國音樂步入輝煌燦爛的殿堂。巴哈家族一直與音樂有著不解之緣，從16世紀到19世紀中葉，一共有75位族人以音樂為生，但其中的大多數頗為平凡，終身擔任著城鎮樂隊的小提琴手、教堂的管風琴手、唱詩班或合唱團指揮這樣普通的職位。只有約翰成為了將西歐不同民族的音樂風格融為一體的開山大師，深遠地影響了之後近300年的德國音樂文化，乃至世界音樂文化。

路德之家

從中世紀開始，瓦爾特堡就不斷得到修繕與更新。1952年～1966年，前東德政府將整個城堡重建為16世紀時的模樣，並用原始的建築材料重建了路德之家，馬丁‧路德翻譯《聖經》時所居住的房間也按照當年的樣子得到復原。現在房屋中的一張由栗樹做成的木桌就是路德時代的物品，它來自於路德的一個親戚家。桌上擺著一本1541年的路德《聖經》，頁邊上寫滿了關於這次偉大改革的評論，它們出自於路德和另一位德意志宗教改革家梅蘭希通之手。桌子的上方懸掛著一個製作於1526年的木刻，描繪了路德與妻子卡塔琳娜‧馮‧博拉的婚禮場面。

城堡中演繹的浪漫故事

1867年，巴伐利亞國王路德維希二世拜訪了瓦爾特堡。在那裡，他看到了一個華麗的歌唱大廳，酷愛華格納音樂的路德維希二世被它深深打動，於是決定在自己的新天鵝堡內也仿建一間吟遊詩人大廳，以便上演華格納的作品。

巴伐利亞國王所推崇的華格納堪稱19世紀西方影響力最大的作曲家之一，他的浪漫主義歌劇《唐豪賽》也恰恰是以瓦爾特堡為背景而創作的。這部歌劇根據德國作家霍夫曼有關中世紀名歌手們定期在瓦

🪷（左圖）瓦爾特堡於1170年建造完工，它的建築規模和內部設施在當時都是首屈一指的。在其後的漫長歲月中，這座中世紀古堡大致上沒有遭到破壞。

🪷（右圖）馬爾斯與維納斯

千百年來，人們以愛神維納斯為主角創作了無數歌劇、畫作。在這幅委羅內塞（1528～1588）創作的油畫中，多情的維納斯正與情人戰神阿瑞斯相會在幽靜的林間，整幅畫充滿濃厚的世俗享樂傾向。

爾特堡舉行歌唱比賽的故事寫成，劇情是關於純潔的愛情與卑俗的欲望之間的衝突。

　　故事發生於德國中世紀時期，吟遊詩人唐豪賽與瓦爾特堡主人的侄女伊麗莎白之間萌生了純潔的愛情，可是唐豪賽經不住情慾的誘惑，去了維納斯堡，做了肉慾化身的維納斯的俘虜。一年後，唐豪賽對邪惡的歡樂感到厭倦，他沮喪、憂鬱，終於拒絕了維納斯的引誘，回到瓦爾特堡。這時，吟遊詩人與騎士們正在舉行歌詠比賽，讚美著純潔、真摯的愛情。嫉妒之下，唐豪賽竟唱起了稱頌他與維納斯私情的戀歌，暴露了他的荒淫行徑，眾人盛怒之下差點殺死他。在伊麗莎白的懇求下，唐豪賽得到了一次悔過的機會，騎士們同意他去羅馬懺悔。唐豪賽加入了朝聖者的行列，去羅馬乞求教皇寬恕，傷心的伊麗莎白為他日夜祈禱。幾個月過去了，憔悴而失意的唐豪賽從羅馬回來了，原來教皇告訴他，除非自己的手杖長出枝葉，否則他將不會得到寬恕。絕望的唐豪賽大聲地喊道：「維納斯啊，讓我回到妳那兒去吧！」維納斯應聲而至。然而此時，伊麗莎白的送葬隊伍淒然而至，在朋友的大喊聲中，唐豪賽如夢方醒。他在憂傷而死的愛人身邊誠懇地祈求寬恕，之後倒地死去。遠處，羅馬朝覲者帶回了教皇的手杖，上面已經長滿了翠綠的枝葉。因為伊麗莎白的祈求與犧牲，唐豪賽的靈魂終於得到了救贖。

另一部權力史
——霍亨薩爾斯堡

$\mathbf{與}$歐洲大部分城堡不同，霍亨薩爾斯堡數百年以來都處於神權的統治之下，這就注定了它必將與國王之間紛爭不斷。同王權一樣，絕對的神權也將帶來絕對的腐敗，在這座城堡中，大主教們奢華的遺跡說明了一切。

神權的光輝

薩爾斯堡是位於中歐的奧地利西北部薩爾斯堡州的首府，倚著白雪皚皚的阿爾卑斯山，枕著潺潺的多瑙河。霍亨薩爾斯堡建於城市中一座百餘公尺高的山丘上，長250公尺，寬150公尺。它是一座白色的城堡，有著闊綽的大門、堅固的閘門，城牆上有小小的塔樓，城垛上設有炮孔。越過城牆向裡張望，八角形的主塔若隱若現，主塔旁拱衛著尖塔與圓塔，雖然修建於中世紀，卻不沾染歌德風格，而完全是羅馬式的磅礴，彷若一個失落的世界。

與中歐大部分的城市不同，薩爾斯堡在長達10個世紀裡被保守天主教勢力控制著，是一座上帝的都城，被稱為「北方的羅馬」，世俗的權杖很難伸到這裡。在歷史上，霍亨薩爾斯堡裡雖然發生過很多次王權與神權之爭，但城堡從未真正被攻陷，真是有如神祐。城堡的中心建築是霍亨薩爾斯堡大教堂，教堂內設有儀式廳、加冕廳、音樂廳、15個主教臥室和監牢。與國王們明

霍亨薩爾斯堡
在歷史上，這座城堡曾數次被捲入人類的紛爭之中，但沒有任何進攻者能攻下它。

目張膽的炫耀不同，每一間宮殿的裝潢都十分樸素，顯示出主教們侍奉
上帝的虔誠。

主教的私邸

　　但中世紀天主教教廷實行的是教階制，也
就是說，神職人員也如同官員一樣向上晉升，
一旦升至某個職位，只要不犯有瀆職罪或異
端罪就不會被撤職。這樣的晉升體制不滋生腐
敗就怪了。人們來到霍亨薩爾斯堡，最喜歡去
的地方莫過於大主教沃爾夫·迪特里希·馮·
萊特瑙的私人宅邸——米拉貝爾宮。「米拉貝
爾」在義大利語中的意思是「驚人的美麗」，
這座宮殿正是1606年大主教為自己的情婦莎樂
美修建的。要知道，從12世紀起，天主教廷

·古堡　　　檔案·

◆ |國家| ：奧地利
◆ |始建年代| ：1077年
◆ |英文名稱| ：Hohensalzburg Castle
◆ |相關人物| ：馬爾庫斯、莫札特

就頒布法律，禁止包括教皇在內的神職人員結婚。這個法律可能並不太
合乎人情，但私自違背也算得上是一種虛偽。更令人吃驚的是，大主教
與莎樂美十分長情，他們竟在這裡生下了15個兒女。宮殿的花園十分美
麗，紫藤將圍牆裝點，如茵的綠草叢中夾雜著野花，莎樂美推開窗子，
就可以遙望到大主教每天去工作的那個教堂。

　　比這個還好玩的是城堡南部的紅衣主教馬爾庫斯·西蒂庫斯的私
邸，這棟建築是主教在1613年至1619年間修建的。作為一名紅衣主教，
也就是人們常說的樞機主教，馬爾庫斯常常要去羅馬開會，但是一旦有
時間留在霍亨薩爾斯堡，他就會在私邸的花園裡大宴賓客。待到酒過三
巡，客人們興味正酣的時候，主教會不動聲色地啟動開關，整個花園的
廊簷、道旁，連石桌石凳下面都噴出水柱來，所有的賓客都被驚得哇哇
亂叫，渾身淋透，慌忙之間找不到地方躲閃。而主教一個人穩穩地坐在
那裡，他的凳子底下沒冒出一滴水。每到這個時候，主教都會樂得合不
攏嘴。看來他平日的生活一定相當空虛無聊，才會費盡心思搞這樣的惡
作劇。儘管常常被主教捉弄，賓客們還是非常留戀這個漂亮精巧的小花
園。它很像中國式的園林，懂得使用「小中見大」的構景技巧。花園中
有一座玲瓏的假山，在裡面可以聽到26種不同的鳥叫。假山旁的石屋中
有一座「機械小人歌劇院」，蠟製的小人會伴著歌聲演戲。石屋中央陳
設著一枚璀璨的王冠，但是千萬別上了愛開玩笑的主教的當，因為只要
你伸手觸摸，就會被噴上一臉的水。

　　雨霧瀰漫了小小的花園，就像山野中的嵐氣，視野中甚至看不清近
在咫尺的希臘小雕塑，但可以聞到濕潤空氣中蘋果花的芬芳。這只是一

「卡諾莎悔罪」事件

　　亨利四世是神聖羅馬帝國的皇帝，他雖然不是同時代最偉大的君主，但絕對是最著名的一位。歷史學家們只要談論起中世紀皇權和神權的鬥爭，就一定會談到他，這都是源於一個叫「卡諾莎悔罪」的事件。

　　自從亨利成為德意志君主後，他就熱衷於與教皇格列高利七世鬥爭。忍無可忍的教皇終於在1076年2月22日開除了他的教籍。按照當時的法律規定，如果教皇一年之內沒有原諒亨利，亨利將失去王位。1077年1月25日，教皇正在家裡吃飯，忽然有人通報說亨利國王正朝這裡而來。國王雖然被開除教籍，王位岌岌可危，但畢竟軍事實力不弱，教皇嚇得匆匆逃往卡諾莎城堡。然而亨利其實是來請求教皇寬恕的。教皇躲在城堡裡不敢出去，國王就站在城堡外面一直等待。一月的中歐天寒地凍，國王在冰雪中赤著腳站了3個晝夜。教皇心一軟，就原諒了他。史學家一般認為，「卡諾莎悔罪」事件標誌著羅馬教廷的世俗權力達到了頂點。

座神職人員的宅院，卻流淌著帝王也不及的貴族格調。

糧食大街9號

　　哪裡有貴族的奢華，哪裡就有平民的淒涼。沿著城堡內石青色的小巷一直前行，就可以來到一條「糧食大街」。聽名字都會讓人覺得充滿平民的味道，但是這條大街中門牌為「9號」的一座簡樸小樓裡，曾生活過一位真正的精神貴族，一位為全人類創造豐富精神食糧的音樂天才——莫札特。

　　1756年1月27日，莫札特出生在這幢小樓的第四層。他5歲就能作曲，14歲成為大主教的御用樂師，是個真正的音樂神童。在這棟房子裡，他創作了許多早期作品，包括著名歌劇《費加洛的婚禮》以及11首鋼琴協奏曲、1首小號協奏曲、2首五重奏曲、4首四重奏曲、3首三重奏曲、3首鋼琴協奏曲和2首小提琴奏鳴曲。臨窗的街道熙熙攘攘，但什麼都遏制不了小莫札特勃發的音樂熱情。靠在窗邊，他時而記下一段劃過腦際的曲譜，時而來到鋼琴邊陶醉地彈上一曲，還興致勃勃地親自設計歌劇的舞台布景藍圖。

　　然而在大主教的御用樂師團中的生活是不愉快的，僅僅3年後，莫札特再也受不了大主教對他人格的羞辱和對他才華的蔑視，收拾行囊奔赴維也納，去真正的音樂王國中證明自己。遺憾的是天妒英才，莫札特年僅36歲就過世了，餘生也沒能再回到霍亨薩爾斯堡，竟做了異鄉的亡魂。當然，他早已憑藉自己的才華名垂史冊。如今，糧食大街的盡頭有一座以莫札特命名的廣場，廣場中心豎著莫札特的銅像。

神權的夜幕

薩爾斯堡的文明史相當久遠，從新石器時代就有人居住。西元45年左右，薩爾斯堡臣服於強大的羅馬帝國。699年，巴伐利亞大公將薩爾斯堡獻給主教魯佩特，從此開始了這座城市1000年漫漫的神權之路。教廷之所以將這裡設為一個大教區，一直委派樞機主教牢牢控制著城市的政權，是因為附近有個著名的鹽礦，這使得教廷可以靠壟斷鹽的銷售，獲得大筆的收益。無數以上帝為名義打響的戰役，說穿了都是為了這可笑的利益。

1077年起，忠於教皇的大主教格布哈德開始興建霍亨薩爾斯堡。在這之前的一年，亨利四世和教皇爆發了激烈的鬥爭，主教不幸被殃及，沒能看著城堡建成。1164年，新任大主教康拉德二世未經神聖

這幅畫反映了中世紀歐洲嚴格的等級制度，基督教會與世俗封建主位於金字塔般的等級制度的頂端。

羅馬帝國皇帝腓特烈一世的同意，便接管了霍亨薩爾斯堡，此舉觸怒了「紅鬍子」腓特烈一世。1166年國王派兵攻打霍亨薩爾斯堡。經過長達一年的抵抗，在1167年4月4日夜晚的一戰中，城堡損毀嚴重，國王到底占了上風。

在中世紀，國王與教皇之間的爭鬥永不止息，這使得職業軍人——騎士們——陷入兩難的境地。在理想的狀態中，國王照看著人們的肉體，教皇照顧著人們的靈魂。但現實中，兩者總會為了一些小事爭執不休，讓騎士們不知道該保衛誰才好。

當然也存在鐵腕的大主教，比如：埃貝哈德二世。在埃貝哈德二世執政期間，他集司法、行政、宗教大權於一身，而且將各方面都管理得井井有條。雖然並未含著金湯匙出生，但他比當時的很多國王更適合作一名統治者。1328年後，薩爾斯堡成為神聖羅馬帝國內的一個獨立國家，很像是梵蒂岡與羅馬的關係。中世紀黑死病大流行，這裡的疫情也很嚴重。

後來薩爾斯堡的施政當局逐漸走上保守的道路：主教可以隨意逮捕市政官員，剝奪他們的權力。即便在馬丁·路德的《九十五條論綱》發表後，整個歐洲都開始同情和支持新教改革，這裡還是有數萬名新教徒被驅逐。往昔勤政愛民、樸實無華、博學多聞、和藹親切的大主教們變了，變得自私、懶惰、貪圖享樂和肉慾，居住於霍亨薩爾斯堡中的主教既不關心上帝，也不關心人民的福祉。17世紀初，上文中提到的兩座醜聞般的私宅——米拉貝爾宮和馬捕庫斯·西蒂庫斯的私邸——被建立。這一切都說明，這座「神的城市」將落下夜的帷幕。1803年，神聖羅馬帝國頒布法律，在薩爾斯堡實施徹底的政教分離，大主教們永遠喪失了他們的世俗權力。

彷若揚帆遠航之船

——塞哥維亞城堡

塞哥維亞城堡距離西班牙首都馬德里只有92公里，它高踞在山脊之上，兩側是克拉莫雷斯河和埃雷斯馬河，造型就像一艘即將揚帆遠航的輪船。西班牙卓越的女王伊莎貝拉一世在這裡加冕，就是她用自己的私房錢支持哥倫布探險，將這個雲遊四海的浪子送上了遠航之船。

白雪公主的童話城堡

　　小城塞哥維亞的常住人口僅有5萬，但城市歷史相當悠久，甚至可以追溯到古羅馬時代。西元80年，塞哥維亞城是控制丟勒大峽谷的戰略要地。8世紀，古凱爾特人佔領了這裡，直到1079年才由阿方索六世收復。阿方索十世在位期間相當青睞這裡，將此地設為行宮。在此之後不久，塞哥維亞城堡的建造工程就開始了。

　　城堡自建成伊始，便是一座皇家城堡，多位皇帝都曾在這裡居住，而菲利普二世更是在這裡迎娶了他的第四位妻子——奧地利的安娜。藉著國王的婚禮大典，塞哥維亞城堡迎來了一次大規模的重修、擴建。城堡的塔樓上修建了尖頂，屋頂進行了加固，擴建工程主要集中在主堡後側……修葺一新的塞哥維亞城堡成了一座華美的宮殿。

　　時光流轉至1862年，一場大火給城堡帶來了毀滅性

塞哥維亞城堡

整座城堡狹長，猶如一艘航行的船，高聳的塔樓便是船帆。由於城堡所處的獨特地理位置，在西班牙不同歷史時期，它總是各種勢力搶奪的對象。

的破壞，如今城堡中的建築多為火災後重建的。

今天的塞哥維亞城堡被包圍在一片茂密的森林之中，城堡屋頂在陽光照耀下會呈現一種獨特的藍色，這是因為屋頂上的瓦片由採自附近河床的一種特殊岩石製成，這種岩石在陽光的照耀下，會折射出金屬般的光澤，使整座城堡就像童話夢境一樣完美。

高貴與野性交織的神祕

塞哥維亞城堡不僅僅是一座華美的皇家宮殿，它同時還是一座軍事要塞。城堡臨崖而建，擁有絕佳的視野，堡外還有10餘公尺深的護城河。在冷兵器時代，為了適應戰爭防禦的需要，城堡的牆頭上布滿十字箭孔，城牆也十分高大。試想當年，當敵軍攻城時，塞哥維亞城堡內的守軍正是從城牆上向攻城的敵人射箭、投擲巨石。除東側的塔樓和城牆外，城堡北部還有一系列被稱為「效忠塔」的塔樓。城堡地下更是遍布密道，繁複聯通，四通八達，有些甚至能直接通往護城河對岸。

西班牙是個非常特別的南歐國家，各種不同的文化在這裡交織，而每一種獨特的文化都可以在這裡鮮活地存在，同時又能夠並行不悖地發展。曾經有長達7個世紀，西班牙被摩爾人統治著，這就是為什麼塞哥維亞城堡中有很多摩爾風格的內部裝飾。所謂摩爾人，指的是北非阿拉伯人的一支，他們信仰的是伊斯

·古堡 檔案·

◆ ｜國家｜：西班牙
◆ ｜始建年代｜：11世紀
◆ ｜英文名稱｜：Segovia Castle
◆ ｜相關人物｜：伊莎貝拉一世

蘭教。後來因為摩爾王朝內部統治腐朽，才在十字軍的打擊下退回了北非摩洛哥的大漠。這700年對西班牙文化的影響是巨大的，雖然後來天主教文化在西班牙復興，但是西班牙從建築到風俗都與其他歐洲國家大不相同，就像一個再婚女人的身上染有前夫的生活格調。西班牙的這種格調可以稱之為神祕，假使一個女人身上融合著歐洲的高貴和非洲的野性，那我們只能稱之為神祕。

伊莎貝拉統一半島

將摩爾人徹底擊敗的是西班牙卓越的女王伊莎貝拉一世。伊莎貝拉出生於1451年，是伊比利半島上的卡斯提亞王國國王胡安二世和葡萄牙公主的女兒。在這一時期，整個伊比利半島上只剩下西部的葡萄牙、中部的卡斯提亞、東部的阿拉貢和南部的穆斯林小國格林納達4個國家，其中卡斯提亞王國的實力最為強大。1454年，胡安二世去世

▲伊莎貝拉一世與斐迪南二世
夫妻兩人聯合統一了西班牙，並創建了中央集權的君主專制政體。

後，由伊莎貝拉同父異母的兄弟恩里克四世繼承王位。而伊莎貝拉則不得不與自己瘋瘋癲癲的母親和年幼的弟弟阿方索隱居起來。

1468年，一個執掌政權的機會來了。許多貴族不滿於恩里克四世的統治，紛紛要求重新立伊莎貝拉的弟弟阿方索為國王，伊莎貝拉十分支持這樣的抵抗舉動。但不幸的是，小王子阿方索突然病故，反抗國王的貴族們便決定擁立伊莎貝拉為女王，於是雙方開戰。內戰持續很久，最終雙方達成協議：恩里克四世仍任國王；但在他過世後，由伊莎貝拉繼承王位，而伊莎貝拉擇婿時必須經過恩里克四世的批准。這份條約等於一紙空文，因為雙方都沒有遵守。國王很快立自己的女兒胡安娜公主為王儲，而伊莎貝拉也私自擇中阿拉貢王子斐迪南為婿。後來恩里克四世企圖把妹妹嫁給葡萄牙鰥居的老國王阿方索五世，還派人去抓捕伊莎貝拉公主，阿拉貢的軍隊武裝干涉了這次行動。同年，伊莎貝拉公主與情投意合的斐迪南王子訂婚。

1474年，恩里克四世去世。伊莎貝拉公主和胡安娜公主都是名義上的繼承人，雙方再度開戰。這場戰爭等於是阿拉貢和葡萄牙兩國之間的較量，因為兩位公主分別是這兩個鄰國的王妃或準王妃。仗打了4年，最終伊莎貝拉取得了勝利，繼承了卡斯提亞王國的王位。1478年，伊莎貝拉在塞哥維亞城堡被加冕為女王伊莎貝拉一世。次年，斐迪南王子也繼承了阿拉貢王國的王位，成為斐迪南二世。兩人結婚後，兩國合併成西班牙王國。這場戰爭和這次聯姻的意義就是大致上統一了伊比利半島全境。

驅逐異教徒摩爾人

伊莎貝拉一世與斐迪南二世不僅情投意合、性格互補，而且在作戰和統治國家方面都能配合良好。夫妻兩人都是虔誠的天主教徒，以他們當時強強聯合的軍事實力，是到了將摩爾人的殘餘勢力徹底趕出歐陸的

時候了，這似乎是某種不得不完成的歷史使命。

　　1490年，國王夫婦親率大軍逼近格林納達王國。斐迪南二世御駕親征，伊莎貝拉一世則負責保障後勤糧草和建立戰地醫院，治療傷員。1492年起，8個月的圍城使摩爾人彈盡糧絕，末代國王巴拉迪爾親自出來投降。這一天，全歐洲所有的天主教堂都將大鐘長鳴，基督之光普照歐陸。

　　不過世上的事情往往矯枉過正，也就是說，對天主教的過度復興如果到了極端的程度，就會損害原本生機勃勃、令人驚嘆的西班牙文化。異教的猶太人和摩爾人被驅逐，宗教裁判所被建立，廣場上開始可以看到燒死異教徒的儀式，當歐陸其他國家的文藝復興運動進行得如火如荼之際，西班牙正在宗教審判制度下，被摧殘成了一個瘖啞的歐洲死角。應該說，伊莎貝拉一世是一位非常勤政的君主，也是一位非常勇敢的女性，她只是沒什麼想像力。沒想像力的人會在信仰問題上走極端，會把相信什麼、不相信什麼看成是很絕對的。而沒有想像力的人是統治不了世界的。

🔥哥倫布結束遠航返回西班牙巴塞隆納時，帶著大量東方珍寶覲見伊莎貝拉女王夫婦。

　　儘管如此，單憑一項功績就能令女王名垂青史，那就是支持哥倫布發現新大陸。據說哥倫布在遇到伊莎貝拉一世女王前落魄了10年，最終他得到了女王的慷慨資助，並被加官進爵。1492年是人類歷史上一個偉大的年份，這一年，哥倫布歷經70天的航程到達了美洲。新殖民地為西班牙帶來了源源不斷的財富，同時開啟了「地理大發現」和人類一個新的紀元。

俄羅斯權力的象徵
——克里姆林宮

莫斯科公國、俄羅斯帝國、蘇維埃社會主義共和國聯盟、俄羅斯聯邦，800多年來，不論人們如何稱呼這片土地，克里姆林宮始終都是這個偉大國度的中心，它彷彿一顆強有力的心臟，不斷將生機勃勃的血液輸送到俄羅斯遼闊國土的所有角落。

莫斯科的克里姆林宮

克里姆林宮恐怕是世界上最著名的城堡了，作為一個國家長達800年的政治中心，它不可避免地屢經戰火考驗。1238年時，它是莫斯科公國大公的要塞，被成吉思汗的孫子拔都燒為平地，100年後，它又重新聳立在原來的地方，而當年強大的蒙古帝國已經分崩離析；1367年時，它是莫斯科公國的中心，由於乾旱引發的火災又將這裡化作廢墟，而火災之後的空地卻變成了著名的紅場，克里姆林宮也面目一新，由木結構變為石質建築；1812年，這裡是沙皇的宮殿，拿破崙率領大軍攻陷了這裡，揚言要踏平這裡所有的教堂，克里姆林宮又一次燃起大火，最終克里姆林宮依然存在，而拿破崙則被流放到了厄爾巴島；1941年，納粹

🏰克里姆林宮夜景
克里姆林宮總面積2.75平方公里，圍繞城堡的紅色城牆長2235公尺，沿牆築有20座塔樓，城堡的主體建築是大克里姆林宮，竣工於1849年。

德國百萬大軍兵分三路進攻蘇聯，德國空軍多次轟炸莫斯科，前後共向克里姆林宮投下了152枚鋁熱炸彈和15枚碎片爆破炸彈，克里姆林宮依然完好，而納粹只遠遠看到了它的尖頂就被擊潰……這座似乎具有生命的城堡宮殿猶如俄羅斯人民一樣活力四射，它就像傳說中不死的鳳凰一般，能夠無數次地浴火重生。

最初的克里姆林宮始建於1156年，莫斯科城的奠基者尤里‧多爾戈魯基大公在這裡修建了一座不大的木結構城堡。14世紀時，為了防禦蒙古騎兵的襲擊，克里姆林宮被改建為石壁石塔的城塞。到了15世紀末，財大氣粗的莫斯科公國大公伊凡三世徹底拆除了原來的克里姆林宮，請來義大利建築師建造一個符合自己身分的新宮殿。克里姆林宮周圍築起了紅色圍牆、塔樓和瞭望台，圍牆內則是富麗堂皇的宮殿和教堂。目前克里姆林宮裡最古老的建築多棱宮就是當時建造的。從那時起直到現在，這片土地上的所有重大政治事件都與這座城堡緊密相連。俄羅斯有句流傳已久的諺語：「莫斯科大地上，唯見克里姆林宮高聳；克里姆林宮上，唯見遙遙蒼穹。」

·古堡　　　　檔案·

◆ ｜國家｜：俄羅斯
◆ ｜始建年代｜：1156年
◆ ｜英文名稱｜：Kremlin Palace
◆ ｜相關人物｜：伊凡四世、拿破崙一世

大火造就的沙皇

伊凡四世是俄羅斯歷史上的第一位沙皇，他的父親去世較早，伊凡四世3歲即位，由母親葉蓮娜暫時攝政，大權被葉蓮娜的親戚格林斯基家族所把持。伊凡四世性情殘暴，13歲時就縱狗咬死了大臣，15歲敢於帶兵親征，天性剽悍的他當然不甘於和他人分享權利，但格林斯基家族的勢力根深蒂固，不是輕易就可拔除的。

1547年，俄國大部分地區普遍出現大旱，農民顆粒無收，怨聲載道。乾旱的天氣極易造成火災，而此時的莫斯科城內就發生了火災。大火幾乎吞噬了整個城市，1700多人在烈火中喪生，2.5萬多間房屋被燒燬，克里姆林宮裡的不少建築也被焚燬。這場大火將莫斯科人對格林斯基家族的不滿引爆了，人們衝進克里姆林宮，殺死了伊凡四世的舅父尤里‧格林斯基，並要求伊凡四世燒死他的外婆安娜‧格林斯卡婭，因為人們認為是她施展妖術縱火。在伊凡四世的勸說下，人們才紛紛退去。伊凡四世藉著這個機會，大力打擊格林斯基家族，將其中佔據要職的人發配邊疆，從而獨攬大權。實現親政的他驕傲地稱自己為「沙皇」。

伊凡四世奪回政權之後，又開始決意加強中央集權。但這樣做勢必會引起貴族們的反對，他必須找到支持者。1564年冬天，伊凡四世突然

👆伊凡四世喜怒無常，性情殘暴，在與兒子的一次爭吵中，失手用笏杖擊中了兒子的太陽穴。畫中的伊凡四世緊緊抱著將死的兒子，追悔莫及，但已無力回天。

輕車簡從離開了克里姆林宮，搬到莫斯科郊外的一個村莊中住下。幾天後，在舉國上下莫名其妙、志忑不安的時候，他發出了兩封信。一封是寄給教會的，上面列舉了貴族們對他的種種不敬之舉，以及對待人民的殘酷手段，要求教會與這些貴族們劃清界線；另一封信則是寫給全國人民的公開信，在廣場上宣讀，信中說自己受到貴族們的欺凌，被迫離開克里姆林宮。這兩封信在國內引起軒然大波，教會與百姓對伊凡四世的處境非常同情，俄羅斯主教親自帶著一部分貴族的效忠書面見伊凡四世，請求他回宮繼續執政，並答應他處置那些不聽話的貴族們。

1565年2月，伊凡四世回到克里姆林宮，頒布了實施沙皇特轄地區制的命令，剝奪了大部分貴族的領地，將這些地區劃為直接由自己統治的沙皇特轄區，貴族們稍有異議便被處死或流放。借助這項法令，伊凡四世成功地打擊了貴族割據勢力，加強了中央集權，真正統一了俄羅斯。

在伊凡四世的時代，克里姆林宮形成了今天的外形，並增加了許多建築，聖母升天大教堂、天使報喜教堂、天使長大教堂和伊凡大帝鐘樓等都是在這一時期建成的。在克里姆林宮的教堂建築群中，伊凡四世建造的聖瓦西里大教堂被稱為「用石頭描繪的童話」，它由9座樣式色彩均不相同的高塔共同構成，具有一種獨特而又和諧的美。據說當伊凡四世看到建成後的聖瓦西里大教堂時，竟然命人挖掉設計者的眼睛，以防他設計出更美麗的建築。

拿破崙和希特勒的失敗

1812年秋，拿破崙一世挾橫掃歐洲之威，帶領他的無敵陸軍進攻俄國，他們長驅直入，一直打到莫斯科城下。俄軍名將庫圖佐夫決定暫避兵鋒，下令軍隊撤離，莫斯科成了一座空城。拿破崙耀武揚威地進入克里姆林宮，之後法軍從這裡劫掠了近600公斤黃金以及5噸多白銀。當天

夜裡，莫斯科城和克里姆林宮又一次被大火焚燒。

　　拿破崙一世自大地認為俄國已經被徹底擊敗，沙皇亞歷山大一世很快就會屈辱地來到他的面前投降。拿破崙一世在克里姆林宮中整整等了35天，沒有等來亞歷山大一世，卻等來了大雪紛飛的嚴冬。深入敵境的法國軍隊缺乏補給，俄國人堅壁清野的策略執行得非常徹底，整個莫斯科找不到一粒糧食，拿破崙一世不得不撤離莫斯科，南下過冬。庫圖佐夫趁機率領俄軍圍追堵截。急於回國的法軍鬥志全無，被打得潰不成軍。俄國人民也紛紛組織游擊隊，配合俄國軍隊對法軍窮追猛打。12月底，拿破崙一世好不容易回到巴黎，而跟隨他出征的60萬大軍，僅有3萬人活著回到了家鄉。1814年4月6日，遭受重創的拿破崙一世被迫退位，而亞歷山大一世則進入了巴黎，並被推舉為歐洲神聖同盟的盟主。從此，沙皇俄國成為了歐洲的霸主。

　　100多年後，這片大地上又一次響起侵略者的腳步，這次來的是德國納粹，兵力相當於拿破崙一世的十幾倍。為了避免政府機關所在地克里姆林宮被納粹飛機轟炸，蘇軍對克里姆林宮進行了精心偽裝。醒目的建築物都被漆成黑色，教堂頂端的十字架和宮殿頂端的紅星被罩上麻袋，黃色的宮牆和綠色的屋頂則被漆成莫斯科普通建築的紅色。另外，蘇軍還製造了大量克里姆林宮的建築模型，擺放在空地上以誤導德軍飛行員，甚至連在克里姆林宮旁彎曲的莫斯科河道也被改變了形狀。這樣的偽裝相當成功，在衛國戰爭期間，克里姆林宮僅受到很小的傷害，所有建築均大體完好，最大的破壞來自一顆穿透屋頂掉到地板上卻沒有爆炸的250公斤的炸彈。

聖瓦西里升天大教堂

大教堂座落在克里姆林宮牆外，是1555年～1561年為紀念喀山公園和阿斯特拉罕合併入俄國而建造的。

功過是非愛德華
——康威城堡

英王愛德華一世的一生幾乎都處於不斷的征戰之中：征服威爾斯，平復蘇格蘭，與法國爭霸制衡，完善當時英國軍隊的步兵、弓箭手和重騎兵三大兵種，是一位典型的「馬背上的國王」。康威城堡正是他為征服威爾斯建造的壁壘和兵營。

鐵桶環繞死迷宮

八座筒狀塔樓高高聳立，這是康威城堡留給世人的第一印象。這些塔樓叫做「鐵環」，聽名字就已經讓人覺得固若金湯，難以撼動。塔樓高50公尺，周圍以一道高9公尺、長1.3公里的城牆聯結起來。

整座城堡設計之精巧令人叫絕，它甚至不是一座內部連通的建築。圍牆以內分為大小兩個區域，大的是士兵活動區，小的是王室活動區。內外區之間沒有門，只有吊橋相連。兩個區各自用石牆分割成若干房間，房間之間也不連通，分別向外開門。所有通往堡外的大門用被吊橋和鐵閘保護著的樓梯連接地面。也就是說，整座城堡的結構不是聚集的，而是發散的，像一座「死迷宮」。

試想一下吧，如果有軍隊攻城，敵方指揮官首先要在諸多的大門之中選一個進攻。作這個決策是艱難的，因為無論從哪個門著手，堡內都可以派人從其他門出來，在背後偷襲。而無論他們攻進哪個大門，等待他們的都只是一堵牆，還是無法進入其他房間。這種設計是為了實現城堡的防禦功能，而放棄了它的居住方便性。事實上，在1283年英王愛德華一世決意修築城堡的時候，就根本沒打算在裡面居住。

·古堡 檔案·

◆ │國家│：英國
◆ │始建年代│：1283年
◆ │英文名稱│：Conwy Castle
◆ │相關人物│：愛德華一世

依稀崢嶸威爾斯

追憶城堡建造的歷史，必須從英格蘭對威爾斯的征服史談起。有人說：諾曼人只用一場戰役就征服了英格蘭；而征服威爾斯，卻花了

兩個世紀。因為威爾斯多山區，地形錯綜複雜，使英國人的進攻十分艱難。1066年，「征服者」威廉一世統治英格蘭後，沒有再繼續進攻威爾斯，而是採取一種騷擾性的策略：將一些諾曼貴族分封到英格蘭與威爾斯的邊界，兩個國家的人在同一地區生活，產生爭端就在所難免了。這些爭端為英國人的擴張帶來藉口，使得英格蘭人得以零零星星地侵吞了威爾斯人不少的土地。這種英格蘭貴族在歷史上被稱做「邊境領主」。

　　威爾斯人不斷喪失國土也與國家內部政治上的分散局面有關。當時威爾斯境內分立著4個小國，國君們互相傾軋，互不信任，難以一致對外。1200年前後，威爾斯北方部落中出現了一位極富謀略的盧維林大帝，他利用當時執政的「失地王」約翰的昏庸和英格蘭貴族的內訌，不斷收復國土，史稱「威爾斯復地運動」。盧維林過世後，他的孫子小盧維林當政，而此時的英國正由軟弱的亨利三世統治。小盧維林不負祖父遺願，持續復國大計，終於在1267年自封威爾斯親王，基本上統一了威爾斯全境。同年，亨利三世被迫簽定《蒙哥馬利條約》，承認了小盧維林的合法地位。

🌸 康威城堡

自城堡於1287年秋建成後，威爾斯人要想進攻英格蘭，勢必得通過城堡。同樣，城堡也成了英軍進攻威爾斯的最佳前沿基地。

　　老亨利三世越來越難以應付統治的疲憊，5年後他去世了，王位傳給了王子愛德華。王子是一位驍勇善戰的騎士，還是一位出色的軍事將領，他年輕又聰明，意志力異常堅強。相傳王子在一次戰役中不幸中了敵人的毒箭，當時的醫學水平還遠遠沒有發展到在手術中使用麻醉劑，在王子意志清醒的狀態下，軍醫在戰壕邊為他進行了緊急治療：把中箭部位周圍的肉全部剜下，以防毒性擴散。在場目睹其狀的人無不心驚肉跳，但年輕的王子咬著一根樹枝，從頭到尾沒有哼一聲，其性情之強悍剛烈可比中國的關雲長！

　　1272年，王子繼位，史稱「愛德華一世」，綽號「長腿」愛德華。因為王子雙腿修長，騎馬的時候可以夾住馬肚子，所以得了這個綽號。也許你會不相信，這樣一位文治武功、睿智英明的君主，同時也是歷史

上因殘酷鎮壓異族人民，得了「威爾斯征服者」、「蘇格蘭之錘」之稱的暴君。

兩戰征服顯神威

在愛德華一世龐大的軍事計畫中，征服威爾斯是第一步。1277年1月，他集結了1.6萬人的大軍，發動了第一次威爾斯戰爭。英軍強大於威爾斯軍數倍，愛德華一世選擇了堅壁清野的戰略，經7個月時間，緩慢推進到威爾斯中部。敵強我弱，小盧維林為保存實力，向英方求和，雙方在當年的11月份簽訂了《康威條約》，小盧維林的實力被大大削弱。

然而小盧維林並不甘心就此臣服，5年之後，雙方的矛盾再度凸顯出來。1282年，愛德華一世發動第二次威爾斯戰爭，這一次他預備徹底解決威爾斯問題。在戰爭初期，英軍部署縝密，人數眾多，兵分三路進攻威爾斯的北部、中部和南部，威爾斯軍團的勢力一時之間被壓住了。英軍遍地開花，處處得勝，尤以北部軍沿著康威海岸線推進，戰鬥得格外驍勇。

3月，小盧維林和他的兄弟大衛緩過氣來，組織進攻。雙方軍隊在威爾斯全線作戰，呈現膠著狀態。就這樣一連打了9個月，終因實力懸殊，小盧維林被俘，但至死未降。在這一時期，愛德華一世做出了修建康威城堡的規劃和構想。由於城堡的整個設計都是在戰爭中完成，所以康威城堡非常適應實戰的需要。次年6月，大衛被俘後，也因為堅貞不降而被殺。英軍征服了威爾斯全境。

1284年，愛德華一世想在威爾斯分封新的威爾斯親王。威爾斯貴族集合起來，做出最後的抵抗，他們提出四個條件，要求新的威爾斯親王必須是：一，出生在威爾斯；二，出身貴族；三，不說英語和法語；四，道德上純潔無瑕。

愛德華一世滿口答應，卻暗中將待產的王后接到威爾斯。不久，王太子小愛德華降生，愛德華一世召集威爾斯貴族們說：「這是我兒子，出生在威爾斯，不會說一句英語和法語，從未冤枉過誰，道德上絕對純潔無瑕。他就是你們新的威爾斯親王。」威爾斯人目瞪口呆。自此以後，作為一項傳統，歷位英國王太子都被封為威爾斯親王，當今的英國王儲查爾斯也擁有威爾斯親王的頭銜。

1287年秋，動用1500名勞工，歷時5年，康威城堡建設成功。在城堡完成後，所有設計資料被焚燬，以保證堡外的人絕對無法獲悉堡內的結構。

🌸（左圖）蘇格蘭臣服於愛德華一世的效忠宣誓禮。

🌸（右圖）愛德華一世
這是一位能征善戰的君主，當時的西歐各國在軍事上都是重騎兵輕弓兵，愛德華一世充分挖掘了弓兵的
作戰潛力，創造了先用弓兵擾亂敵方戰陣，再由騎兵衝擊的戰術。

國王英名垂史冊

　　愛德華一世的功績高於諸先王。在軍事上，他強調中央集權；在立
法和議會中，他強調民主；在政治上，他尊重《大憲章》，尊重「法律
高於國王」的原則；在談判中，他善於忍讓，願意傾聽大臣們的直諫。
他文韜武略，富有耐性，精力旺盛，勤政愛民。然而，他在對外戰爭中
的殘暴也是顯而易見的。尤其是在他伉儷情深的王后於韶華之齡早逝
後，國王終身沒有再娶，而性情也變得日益暴虐。

　　今天，站在康威城堡的「鐵環」上，看著亞芬康威河氣勢磅礴奔流
入海，不能不欽佩愛德華一世當年選擇在這裡建堡的英明。從戰術上
講，康威城堡依山傍海，地勢險要，易守難攻；從戰略上講，一旦有大
規模的戰事爆發，亞芬康威河上押運糧草的船隊可以往來暢通。

　　屏息諦聽，甚至可以聽到不遠處山谷瀑布的飛濺，五月的油菜花
漫山遍野的金黃，一路放肆無忌地開到林子深處。越是探尋愛德華一
世其人的生平，就越覺得他的性格複雜，思想深遠。他的英勇，他的
睿智，他的愛情，他的仇視，他的野心，他的寬容……用他常常掛在
嘴邊的一句話來說，就是：各得其所。他英俊的身影彷彿已經印在古
堡的牆壁上。

太陽神的祭祀之城

——馬丘比丘

馬丘比丘是南美考古發現的一個奇蹟,是一座地處海拔約2000多公尺峰頂雲霧中的仙山神國。大約在15世紀時,一群印加人在沒有鐵製工具、沒有牛馬車船的情況下,奇蹟般地在高高的山頂建造了這座空中城堡。這裡是古代印加人祭祀太陽神的地方,也是往昔印加輝煌文明的無言見證。

雲海中的仙境

　　馬丘比丘古城距離祕魯庫斯科省首府庫斯科僅130公里,去往這座古城要走一段長達45公里的艱難的朝聖之路。翻過險峻的高山,越過湍急的溪澗,沿著細石小徑,時而可以看見山腳茂密的雨林,時而可以遙望積雪的遠山,時而可以路過一些廢墟村屋,經過四五天辛苦的路途,最終,馬丘比丘出現在視野裡。它端然聳立在海拔2350公尺~2430公尺的絕頂,三面是垂直的峭壁,腳下是亞馬遜河的一條支流烏魯班巴河。

　　整座城堡面積約13平方公里,直到今天仍清晰地保存著它往日的構造,區域功能明晰。古城分為農業供給區和居住區。農業供給區在古城的東南部,占整個古城面積的一半以上,分布著100多塊梯田,連通有複雜先進的灌溉系統,種植有當地人喜歡食用的玉米、小麥、土豆等穀物和蔬菜。居住區以一個中心廣場為界,分為上區

馬丘比丘

全城所有的房屋、牆壁、街道和台階都是用石頭壘成的。所有台階縱橫成列,上下錯落,一直延續到高山之巔,氣勢雄偉,令人驚嘆。

和下區，上區的地勢較下區略高，是貴族居住區，下區是「太陽貞女」居住區。貴族居住區中有兩種不同類型的房屋，一種是供祭司們居住的紅岩房屋，另一種是供王親貴戚們居住的梯形房屋。在王權顯赫之地當然還少不了監獄和墳墓。下區則分布著各式各樣的作坊。因為城中的地勢高低不同，所以築有109座石梯，來連接貫通不同的區域，石梯間穿插著守城衛兵居住的門房。整座城市中心地帶有大型蓄水池，連通著石渠通向城中各處，統一供應潔淨的飲用水。

站在古城的中心廣場環顧四周，整座城市曠達、疏朗，城中的200多棟房屋都由灰白花崗岩建造，造型方正。在陽光下，在雲霧中，馬丘比丘顯得那樣神聖、虔誠，山谷、密林、濁浪無不在低聲傾訴這座古城曾經的熱鬧、繁華和顯赫，它曾隱退300年，如今又重現人間。

淒涼的帝國衰亡史

馬丘比丘在印第安語中是「古老的山巔」的意思，這座古城的確歷史悠久。從12世紀開始，祕魯庫斯科附近的一個印第安部落逐漸強大，並向外兼併擴張，他們被稱做印加人。到15世紀時，他們統一了安地斯山北部全境，建立起一個強大的奴隸制國家 —— 印加帝國。1438年，印加帝國國王帕查庫特克·印加·尤潘基攻占了烏魯班巴河流域，隨即在河岸邊的一座峰頂建造了馬丘比丘，作為祭祀太陽神的聖城和貴族們的療養地。

·古堡 檔案·

◆ |國家|：祕魯
◆ |始建年代|：1438年
◆ |英文名稱|：Machu Picchu
◆ |相關人物|：太陽貞女

至16世紀初，印加帝國到達了鼎盛時期。北起哥倫比亞邊境，南至智利中部，西抵太平洋東海岸，東連亞馬遜叢林，一個龐大的帝國屹然挺立在美洲大陸。當時的印加帝國人口多達600萬，擁有先進的農業灌溉系統，掌握了青銅冶煉技術，能製造冷兵器，具備相當的建築、醫學、紡織、印染和天文知識，還有七八萬人組成的職業軍隊。但是後來，就是這樣一個強大的帝國，在面對烏合之眾的西班牙入侵者時，又怎麼會毫無抵抗地在短時間內迅速解體、消亡了呢？

1532年，西班牙侵略者皮澤洛率領一支150人的軍隊進入印加帝國領土，要求會見印加國王阿塔瓦爾帕，受到了國王熱情的接待。一位天主教神父作為皮澤洛的代表出席了會面，神父問國王能不能接受天主教的洗禮，並宣誓效忠上帝和西班牙國王，還遞給國王一本《聖經》。這個無理的提議令阿塔瓦爾帕國王十分生氣，還把《聖經》狠狠地丟在地上。這時，潛伏在神父周圍的幾十名西班牙騎兵突然向國王衝過來。儘

管國王身邊有很多衛兵守護著，但士兵們從來沒有見過馬，看到一種龐大、陌生的怪物抽著鼻孔、喘著粗氣朝自己衝過來，印加士兵們立刻嚇得魂飛魄散，丟下武器逃命去了。愣在寶座上的阿塔瓦爾帕還沒弄清楚發生了什麼事，就被西班牙士兵擒住了，當天就有幾千名印加士兵遭到西班牙騎兵的追擊殺害。

在以後的戰鬥中，西班牙士兵身上所穿的金屬盔甲和長刀成了印加人最害怕的東西。印加人對金屬的認識不多，當他們猛烈地向西班牙人發起衝鋒，投向西班牙人的標槍卻被盔甲擋回，印加人會覺得十分害怕。而身穿布衣的印加士兵又怎能擋住西班牙人的火槍呢？

印加人喜歡修路，用大量整齊的山路將安地斯山脈、熱帶雨林、河流之間大大小小的城邦聯繫起來。而這些道路卻正好幫了西班牙侵略者的忙。侵略者沿著這些路不斷推進，短短一年後，印加帝國就被滅亡了，400年的輝煌文明灰飛煙滅。

從那個時候起，祕魯民間就一直流傳著一個傳說：在烏魯班巴河岸邊一座山巔上，有座名叫馬丘比丘的神祕古城。3個世紀以來，西班牙尋寶者一直想要找到它，但沒有當地人肯為他們帶路。馬丘比丘隱匿在群山與雲海之間，就快要慢慢荒廢掉。終於在1911年，美國學者海勒姆·賓厄姆費盡千辛萬苦找到了這座古城。穿越3個世紀殖民的仇恨和血淚，馬丘比丘終於再度得到政府的保護、修繕，以聖女般的姿態重現於世人面前，成為全世界競相瞻仰的聖地。

THE INCA ATAHUALPA BEFORE PIZARRO.

🌸 皮澤洛抓住印加國王阿塔瓦爾帕。

獻給太陽神因蒂

古代印加人沒有自己的文字，而是採用結繩記事的方法記錄部族中發生的大事件，當地人稱之為「奇普」。現代人費盡思量破譯了一些當時的資料，瞭解了古代印加人神奇的太陽神信仰。

太陽神因蒂是印加的主神，是祂授意印加人在庫斯科建立都城，開創了龐大的印加帝國，印加王是因蒂在人間的化身。同時還有一位大祭司，通常

（左圖）曼科·卡帕克是印加帝國的第一位國王，他左手握著象徵印加人信仰的太陽面具，右手持有代表王權的斧頭權杖。

（右圖）阿塔瓦爾帕

印加帝國最後一位國王，他被皮澤洛抓住後，印加人試圖以大量金銀財寶將他贖回，但西班牙人收到贖金後卻不履行約定。1533年8月，阿塔瓦爾帕被處死。

由國王的兄弟擔當。馬丘比丘正是為祭祀太陽神因蒂而建造。每年的6月22日是南半球的冬至日，在這一天，整個印加帝國的所有國民都要參加盛大的祭祀活動。馬丘比丘是不少王室成員、軍政長官參加祭祀的地點，因為這座古城建築在高處，當時的人認為這樣距離太陽神更近，祭祀也就更加虔誠。當然，也只有貴冑要員才能參加這裡的祭祀。

　　整個祭祀典禮歷時9天，在典禮開始前的3天，人們就要吃齋、禁火、夫婦分房而居。典禮當天的晨曦，貴冑穿戴整齊，陪同國王和大祭司站在馬丘比丘中央廣場上，頂著滿天的星斗，一起等待黎明第一線曙光的來臨。當星象師提示國王最佳時刻到來時，國王率領全體國民向太陽禮拜，感激太陽神賜予他們光、熱和五穀豐登。其後由國王向太陽神敬酒，美酒灑在太陽神廟的門檻上，殘酒再由國王與群臣權貴們分享。接著，國王在王室成員的簇擁下，步入太陽神廟，看著專門的祭司宰殺牲畜向太陽神獻祭。最後，這些牲畜的肉會被分給從附近鄉村趕來參加典禮的平民。與此同時，太陽貞女們走來，請大家吃一種叫做「桑庫」的麵食。吃飽喝足後，長達9天的狂歡開始了。人們聚在一起載歌載舞，吹拉彈唱，比武摔跤，其中既有規模宏大的皇室表演，也有平民間生趣盎然的即興表演。在這個時候，無論有錢人還是窮苦人都可以盡其所能地向太陽神自行獻祭：富有的人家會獻祭大型牲畜和金銀首飾，

引來人們的羨慕；貧苦的人家也可以獻祭一些自家田地裡收割的穀物做成的點心，虔心祈求太陽神保佑明年自家地裡的收成會更好。

在這9天裡，與廣場上平民們自得其樂的大聯歡不同，祭司們得真的為太陽神做一些「工作」。馬丘比丘城中的一些遺跡暗示了這些智者當時工作的狀況。城中有一處「拴日石」，是一塊長方形的大石塊，石塊上豎起一座石椿。用這塊石頭當然沒辦法把太陽「拴」在天空中，事實上，這是一種日晷，祭司們在這塊石頭上記下冬至日當天太陽的確切位置，以便計算出來年的夏至日和冬至日的確切時刻，進而推算出全年的年曆，再參照以往多年靠結繩記錄好的天象和氣候紀錄，為國王制定出來年播種事宜的參考意見。

毫無疑問，這是一項非常複雜和艱巨的工作，需要祭司們具有專業的知識和豐富的經驗。即使是現代人，也只能靠大型計算機和衛星雲圖的幫助，交出一份不甚滿意的答卷。當時印加帝國的祭司們會在室外的拴日石上獲得大致的數據，然後到拴日石旁的日神塔上去，慢慢地結著布繩，把數據存儲起來。大概也只有祭司能做這件事，因為要掌握這種「書寫方式」是很有難度的。日神塔是一座專供祭司們做諸如此類研究工作的馬蹄形建築，一些資料顯示，祭司們也曾經在這裡觀測星象，做一些對太陽系的觀察。也許他們會比羅馬教會更能接受太陽中心論，誰知道呢？在同一個時代，歐洲人剛剛把說「瘋話」的布魯諾烤熟了。400年前，印加帝國的祭司們還在不疾不徐、悠閒自得地結著繩子，可是看過馬丘比丘這座偉大的建築

瑪瑪‧奧克略是印加帝國的第一位王后，她舉著象徵月亮的面具。

後，誰又敢嘲笑他們的落後蒙昧？

●特殊的女性：太陽貞女

當祭司們為來年的收穫而費盡腦筋的時候，廣場上的狂歡不會止息。因為太陽神因蒂也被認為是一位通情達理的神明，能幫助人們解決各式各樣的心事。所以，不排除會有個別姑娘偷偷將一朵當地盛產的潔白蘭花獻祭給太陽神，祈求祂讓自己的心上人快點來到。而只有一種妙齡貌美的女孩不能懷有這樣的遐想，她們就是太陽貞女。

20世紀時，考古者在馬丘比丘考古挖掘到的頭骨中，90%都是女性頭骨。很多人以為這些女人是獻給太陽神的祭

品，這種說法是不對的，因為印加人很少用人的生命獻祭。事實上，這些女人是太陽貞女。太陽貞女在印加帝國的地位介於女官和修女之間。

首先，她們擁有崇高的地位，能夠參與國王在太陽神廟的祭祀過程。只有貴族出身，貌端、體健、聰慧、純潔的女孩才能夠擔當。貞女在年幼的時候就被選進「太陽貞女宮」，在年紀較大的貞女的指導下學習祭祀程序。

🌸**馬丘比丘內的太陽神廟**
這座建築體現了印加人高超的建築技術，切割得極為精細的石塊完全靠精巧的設計堆疊在一起。

其實，祭祀並不需要那麼多的貞女參加，所以大部分的貞女終身做的只是準備祭祀所用的針織品、食物、玉米酒，以及看護祭祀當天開始點燃的聖火等等。

其次，貞女並不是終身職業，年老時她們即可還鄉，並受到地方上的尊敬。但是貞女需要終身獨身，一旦被發現有通姦行為，後果將是極度可怕的。貞女本人將被活埋，戀人被絞死，全部族人被誅殺，有的時候甚至所在的村子都被剷平，這個村落被宣佈為受太陽神詛咒的地方。在馬丘比丘城中，貞女與貴族居住在不同的區域中，互相不能見面。

不可思議的建築奇蹟

遠遠望去，馬丘比丘似乎是由成千上萬塊巨大岩石建造而成，不禁讓人稱奇。古代印加人是如何在帶輪運輸工具發明之前，把這樣沉重的石頭運上2000多公尺高的懸崖？其實，聰明的印加人並沒有搬運巨石，而是從周圍採集碎石運到山頂，像拼圖那樣將形狀各異的石塊打磨拼起。有些石頭有三十幾個稜角，竟然也能和周圍的石頭完美拼接，真是巧奪天工！在全部城堡工程完畢後，多餘的碎石就被拋下山去。

激流濁浪拍打著城堡腳下的懸崖，西方天空即將收斂最後一絲晚霞，沁人心寒的夜霧升騰，牧羊人趕著駝羊回家。馬丘比丘古城中還隱匿著多少離奇的傳說和舊事，我們也無從得知了。

哈瓦那之盾
——莫羅城堡

這座耗資巨萬建成的要塞是美洲大陸上規模最宏大的軍事防禦體系，它雄踞在阿爾門達雷斯河畔，扼守著墨西哥灣通往大西洋的門戶，猶如一面巨大的盾牌，多次抵禦了無惡不作的海盜們的侵襲，見證了哈瓦那這座南美名城500年的發展歷程。

抵禦海盜的要塞

　　1492年，哥倫布在探索新大陸的旅程中發現了古巴島，從此這裡成為開闢新航線之後歐洲通往美洲和東南亞航線上的必經之地。18年後，西班牙人委拉斯開茲帶著300名士兵興沖沖地登上了這座美麗的島嶼，用火槍開始了他們的殖民生活。古巴島上的原住民是印第安人的一支，在殖民者登上島嶼之前約有11萬人，西班牙殖民者強迫他們從事採金、拓荒等繁重的體力勞動，這些習慣了熱帶島嶼悠閒生活、體型瘦弱的印第安人大批死亡。西班牙人上島50年後，這裡的原住民被滅種。

　　位於島嶼西半部的哈瓦那扼守著墨西哥灣通往大西洋的咽喉要道，相當於整個古巴島的西大門。哈瓦那灣水深浪平，腹大口小，兩側均是陡峭的懸崖，是一個絕佳的天然避風良港。西班牙殖民者在這裡建立港口，將從島上和美洲大陸掠奪來的巨額財富集中在這裡裝船運回歐洲，哈瓦那成了往來歐美兩塊大陸之間的船舶必經的中轉港口。

　　1587年，西班牙人在哈瓦那港灣入口處的峭壁上建成了一座名為「聖東方三王德爾莫羅城堡」的堡壘，人們常常簡稱它為莫羅城堡。「莫羅」在西班牙語中的意思是「海岸邊的山崖」，「莫羅城堡」的意思則是「位於海岸邊山崖上的城堡」。在西班牙殖民地中，莫羅城堡共有三處，除了哈瓦那之外，另外兩座分別位於聖地亞哥和波多黎各，都是由當時著名的義大利建築師喬瓦尼·巴帝斯塔·安東內利設計並建造的。

·古堡　檔案·

◆ |國家|：古巴
◆ |始建年代|：1587年
◆ |英文名稱|：Morro Castle
◆ |相關人物|：腓力三世

修建這些城堡的主要目的是為了防禦臭名昭著的加勒比海盜們的襲擊。1522年，兩艘西班牙貨船被海盜俘獲。打開船隻貨倉後，海盜們被其中裝載的貨物驚呆了。這兩艘船上裝載的是西班牙人從阿茲特克人那裡掠奪來的各種鑲嵌著寶石的金製物品，這些原本準備獻給西班牙國王查理一世的寶藏，後來落在了法國國王手裡。這筆巨大的財富震動了整個歐洲，西班牙人之前竭力宣傳的新航線之險惡、新大陸之貧瘠的謠言不攻自破。從此，歐洲國家展開了掠奪新大陸的競爭。一時間，加勒比海成為了西方世界的貿易中心。

新航線上許多利於開發的土地都被捷足先登的西班牙搶先占有，滿載著黃金、象牙、菸草、砂糖、甜酒和其他貨物的西班牙商船在加勒比海上來來往往，將無法估量的巨額財富運回歐洲。巨大的貿易利潤使其他歐洲國家眼紅不已，一方面加快了對新大陸的探索，另一方面則暗中對西班牙進行打擊。

在沒有任何目擊者的茫茫大海上，追上一艘幾乎沒有任何保護措施、滿載著貨物的商船並殺死所有的船員，對海盜們來說簡直是輕而易舉，並且幾乎不會招來任何的報復。因此在一夜之間，加勒比海地區冒出了大批海盜。這些海盜大多由法國、英國和荷蘭等國的水手組成，荷蘭、葡萄牙、法國等歐洲國家私下裡十分歡迎這些海盜的出現，只要他們能夠打擊西班牙人，殖民地的總督就給他們頒發證書。持有這種名為「私掠許可證」的文件的人可以在海上自由攻擊敵對國家的商船，例如：持有英王頒發的私掠許可證的英國船隻可以隨意攻擊和搶劫西班牙的貨船，而不用擔心受到懲罰。很多著名的海盜都出現於這個時代，如：基德船長、「黑鬍子」愛德華・蒂奇、讓・戴維・諾等。

被財富蒙住了眼睛的歐洲王室搬起石頭砸了自己的腳，當海盜們厭煩了日復一日在無邊大海上尋找西班牙商船的生活時，他們開始肆無忌憚地搶劫所有國家的船隻，甚至開始直接攻擊殖民地。

西班牙有限的軍隊無法將自己龐大的海外殖民地全部保護起來，只能把軍隊集中在哈瓦那這樣的關鍵地區，即使是在這些地區也未必安

莫羅城堡四周都是幾十公尺高的石砌城牆，厚1公尺～2公尺，十分堅固。牆壁上設有許多火力點，城堡頂部平台上架著火炮。

179

全，哈瓦那曾遭受過無數次海盜的襲擊，並兩次被海盜縱火焚燒。1555年，法國海盜攻下了哈瓦那，將整座城市洗劫一空，哈瓦那的第一座城堡——皇軍城堡——被海盜夷為平地，哈瓦那城也毀於大火。為了保護這個新航線的咽喉部位，西班牙開始投入巨資在加勒比海地區主要殖民地修築軍事要塞，由此而建造的哈瓦那城有堪稱新大陸之最的強大軍事防禦體系，不僅在港口處修建了莫羅城堡，還修建了一道圍繞整個哈瓦那的石砌城牆，整個工程持續了100多年。

關於修建莫羅城堡，還有一個傳說。據說西班牙國王腓力三世在聽完財政大臣關於修築莫羅城堡的財務報告後，一言不發地走到朝向加勒比海方向的窗戶邊，舉起望遠鏡向遠處眺望。財務大臣奇怪地說：「陛下，從這裡是看不到城堡的。」而國王則回答說：「我以為用了這麼多錢所修築的要塞，從馬德里都應該能看得到。」由此可見莫羅城堡的規模之大。

古巴的標誌

莫羅城堡建成後，成為了哈瓦那抵禦海盜侵襲的一面巨盾。西班牙國王腓力三世曾經說這座城堡是「首屈一指的防禦工事」，「帝國的榮耀將永遠與莫羅城堡同在」。占地11公頃的莫羅城堡外環繞著一條20公尺寬並與大海相連通的護城河，只有一座吊橋與城外相連，城堡最多可容納1500名士兵，並放置了60門大炮，是當時美洲最先進的城防體系。多層次的防禦通道猶如迷宮一般，使守軍在裡面能夠進退自

1844年，莫羅城堡內建起了一座10公尺高的燈塔，30公里之外都能看到燈塔耀眼的光芒。在漆黑的夜晚，在茫茫大海上，這座燈塔曾引導無數船隻確認港口的方向。

如，而敵人卻摸不著頭腦。

當年的海盜們並不像我們在電影或者小說中看到的那樣，總是光明正大地在白天發動進攻，實際上，他們常常是在漆黑的深夜悄悄逼近船隻或者港口，殺死值班守衛之後大肆殺戮。因此，在海盜猖獗的年代裡，每當太陽落山的時候，莫羅城堡中便會鳴炮提醒居民們盡快回家，晚上9點整，城堡升起吊橋、關閉大門、熄滅燈火，設在哈瓦那港口入口的粗大鐵鏈也會被拉起，未經許可的船隻無法駛入港內。

莫羅城堡抵禦了無數次海盜以及其他國家海軍的進攻。1762年，英軍佔領了古巴全島，並摧毀了莫羅城堡。如今的莫羅城堡已不是當年的雄關，但人們依然能從它彈痕纍纍的城牆上依稀領略古堡當年的偉岸身軀，緬懷戰火紛飛的年代裡它守土保民的汗馬功勞。

今日的莫羅城堡被古巴政府建成了哈瓦那航海博物館，環繞城堡的城牆因都市的擴張被拆除，護城河中沒有了海水，而港口粗大的鎖鏈也早已撤除，船隻在任何時間都可以自由進出港口。但城堡中依然保持了鳴炮的傳統，每晚9點，城堡中一切燈光都會熄滅，穿著17世紀西班牙紅色軍裝的士兵點燃火把，列隊走向城堡中的炮台，進行換崗儀式並鳴響禮炮。

1982年12月14日，聯合國教科文組織將整個哈瓦那老城的軍事防禦體系列為「世界文化遺產」，而莫羅城堡和其中的燈塔也成為了古巴的象徵，古巴前領導人卡斯楚就曾多次以莫羅城堡為背景發布電視講話。

值得一提的是，著名的古巴雪茄中有一個名為豐塞卡的品牌，這種雪茄風味獨特，用薄如蟬翼的白絹紙包裹，深受女性歡迎。誕生於古巴和美國關係良好時代的豐塞卡雪茄，將莫羅城堡和自由女神像印在雪茄盒上，作為哈瓦那和紐約兩座城市的友好象徵。雖然後來兩國關係惡化，但商標從未更改。

英國王后的誕生之地
——格拉密斯城堡

蘇格蘭草原漫布著丘陵，傳說中，森林裡有跑來跑去的小精靈，女巫騎著掃帚在月華與陰影間穿行。在這片奇幻的大地上矗立著一座名為格拉密斯的古堡，曾經，這裡有騎士依仗著古劍與鐵馬臨城。時光流轉至1900年，一位最驕傲的小公主降生在古堡之中。長大後，她於亂世中心懷眾生，身後留下不朽之名。

古老與現實水乳交融

　　格拉密斯城堡位於蘇格蘭的格拉米。在綿延的草原和森林的邊緣，城堡傲然聳立。站立於晴朗的天空下遠遠望去，分外壯觀。古堡的結構呈拉丁十字形，若干個諾曼第式的角樓將主堡團團圍住。紅磚牆體，秀雅的白窗欞，石青色尖尖的塔頂。17世紀時在城堡的改建中增添了不少具有法式風情的建築，比如：豎有聖母像的精巧的禮拜堂。常春藤爬過牆壁，時鐘滴答，不知不覺中，歲月在古堡中流轉了千年。

　　格拉密斯城堡的族徽是兩種動物交纏的石像，富有濃郁的宗教色彩。這是因為蘇格蘭土著的古凱爾特人信仰神祕的宗教，儘管1000年來，基督教已經成為蘇格蘭的主流信仰，但蘇格蘭始終殘留著這個宗教的民間文化，交纏的動物正是象徵著基督教與神祕宗教的融合。

鬼魅幽暗《馬克白》

　　夜晚的格拉密斯城堡別有另一番情致，在夜幕籠罩中，這裡的建築容易使人產生錯覺，彷彿所望見的每一塊磚頭都有了向空中飄的空靈感。古堡地下是大型的墓穴，所以這裡也被認為是蘇格蘭鬧鬼最凶的一座古堡。格拉密斯城堡上空飄浮的森森鬼影，使莎士比亞產生創作的靈感與衝動，悲劇《馬克白》由此誕生。由此可以說，劇中的馬克白所居住的城堡正是

・**古堡** **檔案**・

◆│國家│：英國
◆│始建年代│：不詳
◆│英文名稱│：Glamis Castle
◆│相關人物│：馬克白、伊麗莎白王后

🪷（左圖）格拉密斯城堡
這是一座兼有法國和蘇格蘭風格的建築，城堡的地下有一座巨大的墓穴。
🪷（右圖）英王喬治六世與王后伊麗莎白

格拉密斯城堡。

　　馬克白一出場就是一個屠殺人民的暴君，他在格拉密斯城堡外的森林裡遇見了3位女巫，女巫們預言他將會成為國王。莎士比亞很巧妙地將蘇格蘭民間的異教元素和女巫傳說融合到劇情中。事實上，蘇格蘭人相信女巫，就像他們不能不相信上帝一樣，女巫揭示了人們心底無法示人的欲望。

　　為了坐上王位，馬克白不得不殺人。在這時，他第一次看到異象——一把刀子，自己會動的刀子，指使著馬克白怎樣去殺人。刀子引領他穿過古堡，殺死君王，然後又將所有知情的人一個個殺死。在一次次的謀殺後，馬克白再也無法成眠，深夜的古堡中永遠迴盪著臆想之音。鬼魅來纏繞他，令他不得安寧，而他在殺人後幾次在城堡內撞鬼，或是聽到幻音，看到異象。當馬克白殺死了最後一個知情人——自己的好友班柯後，鬼魅紛紛退去了，因為他已化作了一具行屍走肉。然而劇情在此時卻陡然上升到最恐怖的一刻——馬克白夫人在古堡中夢遊。一向鼓勵丈夫去殺人奪權的她，看上去是那麼冷酷和野心勃勃，但其內心實際上已經到達了崩潰的邊緣。莎士比亞描寫得太成功了，以至於人們一看到格拉密斯城堡，就聯想到劇中的驚悚時刻。

委屈嫁得靦腆王子

現實中，與格拉密斯城堡緊緊聯繫在一起的，是一位傳奇王后。

格拉密斯城堡的客廳裝飾豪華，寬大壁爐的對面陳放著兩把小椅子。100年前，兩個可愛的小姑娘曾在這裡遊戲，她們是克萊特·喬治·鮑斯·萊昂伯爵十四世的女兒們，分別叫做伊麗莎白·鮑斯·萊昂和瑪格麗特·鮑斯·萊昂。其中，伊麗莎白日後出落得楚楚動人，並成了英國王后。

伊麗莎白出生於1900年，第一次世界大戰爆發時她才14歲，她的一個哥哥在戰爭中被殺，另一個哥哥在戰場上失蹤，她本人則被關押在監牢裡，直至戰爭結束。這樣慘痛的經歷使伊麗莎白對戰爭可謂是深惡痛絕。

1921年，21歲的伊麗莎白被安排與英王喬治五世的次子亞伯特王子相親。亞伯特王子過分害羞，還有比較嚴重的口吃，實在不是女孩心目中的理想丈夫人選。伊麗莎白當即就拒絕了這門親事：「我並不想做王妃，我不希望以後失去自由，不能自由地行動，自由地思想。」然而小王子卻對伊麗莎白一見鍾情，苦惱地向自己的母親瑪麗王后傾訴。王后不忍見兒子痛苦，便略施手段，將伊麗莎白當時的男友派往海外工作，這段感情就這樣被拆散了。一半是被王子的真心打動，一半是被家族強迫，兩年之後的春天，伊麗莎白與亞伯特王子在西敏寺大教堂結婚了。

1936年1月20日，國王喬治五世逝世，亞伯特王子的哥哥愛德華王子繼位為英王愛德華八世。可是，年輕的國王愛上了一位出身平民的美國女人。這段婚姻當然遭到了王室的一致反對，不僅是因為這位辛普森夫人沒有體面的家族史和頭銜，更重要的是她曾離過婚。為了與心上人雙宿雙飛，1936年12月11日，愛德華八世竟然宣佈遜位。因為尚未有繼承人，弟弟亞伯特王子接掌了王位，成為喬治六世，伊麗莎白於是成了英國王后。

不屈抗戰的偉大王后

在第二次世界大戰前，痛恨戰爭的伊麗莎白和喬治六世同很多歐洲國家的元首一樣對希特勒縱容綏靖，認為應該不惜一切代價避免戰爭爆發，因此認同首相張伯倫的姑息政策。隨著戰爭爆發，張伯倫下台，喬治六世任命邱吉爾重組政府。

當倫敦遭到納粹德軍的轟炸時，英王喬治六世和王后伊麗莎白成為了這個國家不屈抗戰的精神象徵。伊麗莎白王后經常到倫敦市中心受到德軍嚴重轟炸的區域，特別是倫敦東區，鼓舞人民的信心和將士的士氣。伊麗莎白王后的堅強形象對英國人民的抗戰信心產生了巨大影響，希特勒就曾說：「邱吉爾固然是我在歐洲必須畏懼的人，但伊麗莎白才是全歐洲最危險的女人。」在二戰後的一段時期，很多王室成員都不被公眾認同，只有伊麗莎白王后一直受到人民的愛戴。

二戰結束後，喬治六世因長期吸菸身患肺癌。1952年2月6日，國王在睡夢中安然逝去。在喬治六世過世後，伊麗莎白成為寡居的王太后，她的女兒伊麗莎白二世繼承王位。王太后一直輔佐女兒執政。她終生公眾形象良好，和藹可親，富有魅力，是一個精明強

格拉密斯城堡矗立於蘇格蘭草原與森林之間。正是圍繞城堡的恐怖傳說和微雨黃昏時的詭異氣氛激發了莎士比亞的創作靈感。

幹、意志堅強的女人。雖然她和喬治六世的婚姻基本上是政治婚姻，但卻終生在國王背後默默支持著他，即使是在最艱難危險的戰爭歲月。

伊麗莎白生活在一個王權魅力漸漸逝去的年代，這使得她和那個時代的許多人一樣具有實幹精神和責任感，奉行「既不抱怨，也不推諉」的人生原則。晚年時，她對賽馬產生了濃厚興趣，穿著打扮也堪稱英國中老年貴婦的「時尚風標」。2002年3月30日，王太后伊麗莎白去世，終年101歲。停靈於西敏宮的3天裡，超過20萬人前來悼念這位堅強的女人。她沒能再回到童年的故鄉，卻成為了英國人民永遠懷念的偉大王后。

普法斯葛拉芬史坦堡

● *Burg Pfalzgrafenstein*

　　美麗的萊因河谷地帶散佈著眾多古堡，在漫長的時光裡，這些城堡或遭遇戰火被毀，或年久失修而倒塌，僅有為數不多的城堡能夠完好地保存下來，其中就包括普法斯葛拉芬史坦堡。這座城堡座落在巴哈拉赫河下游河中央一個名叫法爾茨伯爵的小島上，建於600多年前，曾經是河上的關稅站，所有經過這裡的船隻都得交納關稅。城堡外部呈六角形，彷彿一艘漂浮在水面的白色小船。

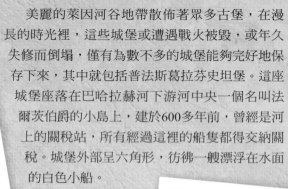

GLIMPSE

世界古堡掠影

OF THE

WORLD'S CASTLES

02 芬蘭

圖爾庫城堡

位於奧拉河入海口處的圖爾庫城堡是芬蘭最早和最著名的城堡，始建於1280年，曾是14位瑞典國王的行宮，中世紀時也是瑞典王國在芬蘭最重要的軍事要塞。圖爾庫城堡在歷史上歷經滄桑，17世紀時城堡遭大火焚燬，後得以修復；19世紀時，這裡被闢為監獄；第二次世界大戰中，城堡又被炮火損毀嚴重。20世紀60年代，芬蘭政府開始對城堡進行大規模修復。如今，這裡已成了著名的旅遊景點，每年接待約20萬遊客。

Turku Castle

03 義大利

Sant Angelo Castle

聖天使城堡

聖天使城堡位於義大利羅馬城內的台伯河畔，是羅馬哈德良大帝為自己及家人建造的陵墓，後來歷代羅馬皇帝都安葬於此。聖天使城堡的名稱源於6世紀。當時黑死病肆虐歐洲，導致2500萬歐洲人死亡，這個數字相當於歐洲總人口的1/3。教皇格列高里收到大天使聖米歇爾神諭，在台伯河畔的這座城堡頂部豎起一尊聖米歇爾手持長劍的銅像。後來瘟疫平復，城堡也正式以聖天使為名。

04 德國

埃爾茲城堡

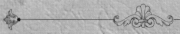

Burg Eltz

　　在德國明斯特邁菲爾德小鎮的一個幽靜山谷裡，聳立著一座中世紀古堡——埃爾茲城堡，彷若一位遺世獨立的美人。林立的尖頂、高大的塔樓，這是埃爾茲城堡給人的第一印象。城堡距今已有800年的歷史，一直以來都屬於埃爾茲家族所有。17世紀時，法國軍隊曾大舉進攻德國西南部，這一地區的城堡幾乎都遭到嚴重摧毀，唯有埃爾茲城堡幸運地躲過一劫。這是因為城堡所處的峽谷四周是一片茂密的森林，非常隱祕且難以到達。

博丁安城堡

　　位於英國肯特郡的博丁安城堡是一座中世紀遺存下來的石質建築。城堡建於1385年，據說是一位貴族為了炫耀自己的財富和權力而建造的。不管最初建造目的如何，在冷兵器時代，它絕對是一座攻防兼備、固若金湯的堡壘。要想進入城堡，必須先通過一座瞭望塔，然後經由護城河上的橋進入城內。試想當年，當敵人向城堡發起進攻時，城主會下令毀壞護城河上的橋梁，以防止敵人通過。當敵軍攻至城牆時，守城士兵便從城堡塔樓上的狹長窗口向城下放箭。

Bodiam Castle

Ashford Castle

阿什福德城堡

　　1288年，英國一個名叫德伯格的家族在今愛爾蘭最大的湖泊科里布湖邊建造了阿什福德城堡。雖然該家族也在其他地方建有多個城堡，但都無法動搖阿什福德城堡的頭等地位。1852年，吉尼斯爵士成了阿什福德城堡的新主人，城堡的面積也擴大至105平方公里。1939年，城堡被改建成高級酒店。如果你來到這裡，一定會被阿什福德城堡的古典、浪漫氣息和周圍如畫的湖光山色所吸引，無數愛侶曾在這裡舉行婚禮，許下相愛終生的諾言，這其中就包括007的扮演者皮爾斯·布洛斯南和他的妻子基莉·史密斯。

若瑟蘭城堡

11世紀初，戈舍諾克的波赫子爵在英格蘭中北部的烏斯河谷地帶建造了一座要塞。1168年，英格蘭國王「短斗蓬」亨利二世派軍隊摧毀了這座要塞。100多年後，波赫子爵的後代奧利維·德·克里松在原要塞的遺址上建起了一座壯麗的建築群，即若瑟蘭城堡。1249年，城堡因他的主人讓·德·侯安二世子爵再次蒙難。侯安家族是布列塔尼最有名望的家族之一，但侯安二世與法國國王路易九世結盟共同反對布列塔尼公國，於是布列塔尼公爵弗朗索瓦二世下令攻打侯安二世所在的若瑟蘭城堡。花崗岩砌成的城堡異常堅固，在弗朗索瓦二世強大的攻擊下，只有部分被摧毀。如今，若瑟蘭城堡仍然是侯安家族的私邸。

Chateau de Josselin

薩翁林納城堡

美麗的薩翁林納是芬蘭的旅遊聖地，位於還未曾受到汙染的塞馬湖的豪基韋西湖和尼赫拉亞韋西湖中間，整個城市有一半被湖泊佔據。1475年，當時統治芬蘭的瑞典君主下令在這裡建起了一座防禦工事——薩翁林納城堡。這是一座典型的中世紀古堡，位於湖中心的一座小島上，堅固的城牆、射擊通道、高大的圓塔、騎士大廳和陰暗的地牢都在無言地訴說著它曾經歷過的歷史滄桑。如今，每年夏季時，這裡會舉行著名的「薩翁林納國際歌劇節」。

Olavinlinna Castle

09 法國

維朗德里城堡

●Chateau de Villandry

　　風光秀麗的羅亞爾河谷地帶散佈著許多座城堡，而維朗德里城堡是絕對不容錯過的一座，因為城堡裡有如今唯一現存的一座文藝復興風格的花園，非常難得。花園分為四個部分：裝飾園、秀水園、情趣園和蔬菜園。裝飾園是整個花園中最美麗的地方，園內的「愛園」非常著名，由四個主題庭院組成——溫柔的愛、熾熱的愛、輕浮的愛和悲情的愛，這也為維朗德里花園贏得了「愛情花園」的美稱。

　　城堡的建造歷史可追溯到1536年，當時法王弗朗索瓦一世的財政大臣伯頓在為國王監督建造完香波城堡後，又在羅亞爾河谷建造了一個香波城堡的微縮複製品，這就是維朗德里城堡。伯頓熟悉義大利的園林建築，因此才有了極富文藝復興氣息的維朗德里城堡花園。

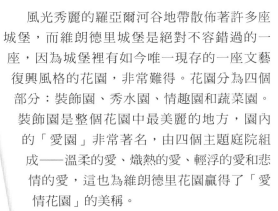

●Predjama Castle

10 斯洛維尼亞

布列加瑪城堡

　　布列加瑪城堡的奇特之處在於它既不位於峽谷，也不立於山巔，而是鑲嵌在1230公尺高的石灰岩中。15世紀時，城堡的主人布列加瑪男爵是割據一方的統治者，他的行為觸犯了貴族的利益，城堡遭到了當地總督的圍攻。布列加瑪城堡占盡天險之利，要想攻下它，幾乎是不可能的。於是總督收買了男爵的貼身男侍，從他口中獲知祕道入口後，才攻破城堡，並處死了男爵。

世界最美的**50**個古堡

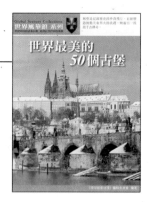

作　　　者	《環球國家地理》編輯委員會
發 行 人	林敬彬
主　　　編	楊安瑜
編　　　輯	李彥蓉
校　　　對	王淑如
內頁編排	詹雅卉
封面構成	詹雅卉

出　　　版	大旗出版　行政院新聞局北市業字第1688號
發　　　行	大都會文化事業有限公司
	11051台北市信義區基隆路一段432號4樓之9
	讀者服務專線：(02) 27235216
	讀者服務傳真：(02) 27235220
	電子郵件信箱：metro@ms21.hinet.net
	網　　　址：www.metrobook.com.tw

郵政劃撥	14050529 大都會文化事業有限公司
出版日期	2011年02月初版一刷
定　　　價	280元

Ｉ Ｓ Ｂ Ｎ	978-986-6234-16-3
書　　　號	Image-17

Metropolitan Culture Enterprise Co., Ltd
4F-9, Double Hero Bldg.,432,Keelung Rd.,Sec.1,
Taipei 11051,Taiwan
Tel:+886-2-2723-5216　Fax:+886-2-2723-5220
Web-site:www.metrobook.com.tw
E-mail:metro@ms21.hinet.net

◎本書由吉林出版集團有限責任公司授權繁體字版之出版發行

國家圖書館出版品預行編目資料

世界最美的50個古堡 ／《環球國家地理》
　　編輯委員會著. ── 初版. ── 臺北市：
　　　大旗出版：大都會文化發行，2011.02
　　　　面；　公分
　　　　ISBN 978-986-6234-16-3(平裝)

　　　1.古城 2.世界地理

718.59　　　　　　　　　　　　　99025311